동도일사

수신사기록 번역총서 4

동도일사

東渡日史

박상식 지음 · 장진엽 옮김

보고사

서문

본서는 부산박물관 소장 『동도일사』를 번역한 책이다. 한국연구재단 토대연구 〈수신사 및 조사시찰단 자료 DB 구축〉 팀(연세대 한국기독교문화연구소)에서 제작한 수신사기록 DB의 일부로서 이번에 본 연구팀과 보고사에서 기획한 《수신사기록 번역총서》의 한 권으로 들어가게 된 것이다. 총서의 기획의도에 따라 번역과 함께 해제와 원문 및 영인자료를 수록하여 관련 분야의 연구자들이 해당 자료에 손쉽게 접근할 수 있게 하였으며, 쉬운 현대어로 풀이하고 상세한 각주를 달아 비전공자들과 일반 독자들도 무리 없이 읽을 수 있게 하였다.

『동도일사』가 세간에 공개된 것은 1982년 부산대학교의 김석희 교수가 발굴하여 소개한 것이 최초이다. 이후 2012년에 소장처인 부산박물관이 《부산박물관 역사자료총서》로 이 자료를 영인·국역하여 출간한 바 있다. 그러나 이 책은 비매품이었고 접근 가능한 전자 자료 형태의 원문과 번역문이 없었기 때문에 본 연구팀에서는 이 자료를 새로이 번역하여 DB에 포함시키기로 결정하였다. 기존의 번역서를 그대로 가져오는 것보다 전체 데이터베이스의 체계에 맞도록 새로이 번역을 진행하는 것이 보다 효율적이라고 판단했기 때문이다. 이에 본 역자가 자료의 검토부터 시작하여 원문의 입력과 표점, 교감 작업까지 포함한 전체 번역을 담당하게 되었다.[1]

---

[1] 출판을 앞두고 영인자료 수록에 대한 허가를 요청하기 위해 소장처인 부산박물관에

본 역자는 사실상 수신사 분야의 전문가는 아니다. 2015년 9월 본 연구팀에 참여하면서 처음으로 수신사 자료를 접하였는데, 그때에는 책임 번역을 맡고 있지 않았다. 그러다가 2016년 말 번역팀에 합류하여 조사시찰단 보고서를 비롯한 몇 종의 수신사기록에 대한 번역을 담당하게 되었다. 『동도일사』도 그 중의 하나이다. 번역 당시 통신사 필담(筆談)에 대한 학위논문을 마무리하고 있었는데, 18세기 후반 조(朝)·일(日) 문사들의 관계와 19세기 말 양국인의 관계가 여러 모로 겹치는 동시에 또 대비되는 면을 지니고 있음이 눈에 띄었다. 이에 착안하여 『동도일사』에 나타나는 19세기 동아시아 인식에 대한 짧은 논문을 한 편 발표하기도 했다. 이 번역 작업을 계기로 몇 가지 흥미로운 연구 지점을 발견할 수 있었으니 개인적으로도 적지 않은 성과가 있었던 셈이다.

본서에 수록한 해제에서도 언급했듯이 『동도일사』는 제2차 수신사 활동의 전모를 보여주는 중요한 자료이다. 또한 김홍집 등 제2차 수신사의 다른 인물들과 대비되는 저자 박상식의 경험과 인식에도 주목할 만한 부분이 있다. 이번 총서 출간을 계기로 해서 이 자료가 관련 분야에서 본격적으로 활용되기를 바란다.

본 역자가 『동도일사』에 주목하고 새로이 번역을 시도할 수 있었던 것은 일찍이 이 자료의 가치를 학계에 알려주신 부산대 김동철 교수님 덕분이다. 이번 기회를 빌어 감사 인사를 드리고 싶다. 또한 본서의 번역 과정에서 여러 분들의 도움을 받았다. 특히 고전번역원의 유종수,

문의하였다가 최근 서해문집에서 예전에 부산박물관에서 비매품으로 펴낸 『동도일사』 번역서를 재출간하였다는 사실을 알게 되었다. 저작권 문제 검토 및 영인자료 수록에 협조해주신 서해문집의 김종훈 차장님과 부산박물관의 유현 주무관님께 감사드린다.

정재호 선생님의 도움이 컸다. 두 분 선생님이 여러 차례 원고를 검토하고 교열해주셔서, 덕분에 간신히 초솔함을 면하게 되었다. 마지막까지 남아 있을 오역과 오자는 본 역자의 책임인 것은 물론이다.

2017.10.12. 장진엽

차례

동도일사(東渡日史)

일러두기

1. 부산박물관 소장 필사본을 저본으로 하여 번역하였다.

2. 번역문, 원문, 영인본 순서로 수록하였다. 영인본도 부산박물관 소장 필사본을 저본으로 하였는데, 부산박물관의 승인 하에 1982년 『역사와 세계』 제6집에 게재된 영인자료를 이용하여 제작한 것이다.

3. 가능하면 일본의 인명이나 지명을 일본어 발음으로 표기하였다. 단, 시문에 사용된 단어나 한국식 표현, 발음을 고증할 수 없는 고유명사는 한국 한자음으로 표기하였다.

4. 원주는 번역문에 【 】로 표기하고 본문보다 작은 글자로 편집하였다. 원문에서도 동일한 방식으로 편집하였다. 각주 및 간주는 모두 역자 주이다.

5. 인물 및 사건 정보는 주로 한국학진흥사업성과포털에서 제공하는 《조선시대 대일외교 용어사전》 및 《한국외교사전(근대편)》을 참조하여 작성하였다.

동도일사

⬛1 기본 서지

불분권 1책. 필사본

『동도일사(東渡日史)』는 1책 51장으로 이루어진 필사본 자료이다. 본서에 수록된 『동도일사』 영인본은 1982년 부산대학교의 김석희 교수가 당시 저자의 후손가에서 소장하고 있던 것을 발굴하여 『역사와 세계』에 영인, 게재한 것이다. 현재 이 책은 부산박물관에 소장되어 있다.

⬛2 저자

『동도일사』는 1880년 제2차 수신사 김홍집(金弘集)이 일본에 갔을 때 향서기(鄕書記)로 수행했던 박상식(朴祥植, 1845~1888)이 남긴 사행기록이다. 저자 박상식은 본관이 밀양이며, 동래부(東萊府) 출신이다. 본래 경북 칠곡군에서 세거하다가 5대 조부 박태성(朴泰星) 대부터 동래에 들어와 살았다. 박태성의 아들부터 고손대까지 24명 가운데 12명이 동래부 부청선생(府廳先生)을 지냈으며, 박상식 본인 및 그의 동생과 아버지, 외조부가 모두 부청선생을 역임한 바 있다. 박상식의 아버지 박주연(朴周演)은 문집을 남겼을 정도로 한학의 소양을 갖춘 인물이었다. 박상식 본인 역시 『동도일사』를 통해 상당한 정도의 작시 능력을 갖추고 있음을 확인할 수 있다. 한편 제1차 수신사의 향서기 변택호(邊宅浩) 역시 동래부 부청선생 경력이 있었다. 이로 보면 박상식이 동래부 향리(鄕吏) 출신으로서 어느 정도의 한학 소양을 갖추고 있었던 것이 그가 수신사의 향서기로 선발되는 데 영향을 미쳤음을 알 수 있다.[1]

3 구성

『동도일사』는 1880년 6월 28일부터 8월 15일까지의 일기(日記) 16장, 김홍집과 일본 측 관원들의 대화 기록인 담초(談草) 15장, 서계(書契)와 별단(別單) 등의 공문서(公文書) 20장으로 이루어져 있다. 첫 장이 결락되어 권수제 및 며칠분의 일기가 누락되었으며, 담초 부분에도 낙장(落張)된 곳이 두 군데 있다.[2]

4 내용

제일 앞의 일기 부분은 사행단의 공무를 비롯하여 저자의 개인적인 경험과 소회를 기록한 것으로, 일기 중간 중간에 저자가 쓴 시가 수록되어 있다. 일기는 1880년 6월 28일 고베(神戶)로 가는 배 안에서의 일에 대한 기록으로 시작한다. 수신사 일행이 부산에서 배에 오른 것은 6월 25일이고 부산을 출발한 것은 26일인데, 첫 장이 결락되어 며칠간의

---

1 저자 사항에 대해서는 김동철(2012), 「1880년 제2차 修信使의 鄕書記 朴祥植의 사행일기 『東渡日史』」, 『서지학연구』 제51집, 서지학회, 398~401면 참조.
2 김석희(1982), 「『東渡日史』 解題」, 『역사와 세계』 제6집, 효원사학회, 240~241면 참조.

일기가 사라진 것이다. 저자는 이날부터 부산의 부(府)에 도착한 8월 12일까지 빠짐없이 일기를 썼다. 이어지는 13, 14일 일기는 생략되고, 8월 15일 김홍집과 작별하는 것으로 기록이 끝난다.

일기의 내용으로 볼 때 저자 박상식은 정사 김홍집이 공무로 외출할 때 수행하는 경우가 많았으며, 이때 정사를 대신하여 그날 논의한 사항 및 견문한 내용을 기록했던 것으로 보인다. 또, 자신이 함께 가지 않은 경우에도 다른 사람을 통해 그날 있었던 일을 전해 듣고 기록으로 남겼다. 즉, 향서기라는 직책에 걸맞게 정사를 중심으로 한 사행의 전 과정에 걸친 공무 수행 및 견문의 내용을 기록으로 남겨두고자 했던 것이다. 이에 따라 도착한 각 지역에서 문안하러 온 일본 관원들 및 조선 측에서 방문하거나 예물을 보낸 일본인의 관직과 성명을 하나하나 명시하였으며, 일황(日皇)의 접견과 국서 전달에 관한 의식에 대해서도 전해들은 내용을 충실히 기록하고 있다.

공적인 활동 외에 저자 자신이 겪은 일과 그에 대한 개인적 감회 역시 일기의 주된 부분을 차지한다. 박물관, 기계공조소(機械工造所), 도서관, 간코바(勸工場), 해군성(海軍省), 대장성(大藏省), 육군성(陸軍省) 등의 관청 및 시설에 대한 묘사는 사행단의 공식 일정의 기록에 포함되는 동시에 저자의 개인적 견문을 기록한 것이기도 하다. 또, 일본인 곤도 가쓰노스케(近藤勝之助), 도쿠로(德郎), 우라타 게이(浦田敬), 그리고 중국인 부영사(副領事) 빙소위(憑昭煒) 등과 시를 주고받은 일은 개인적 차원의 교유에 대한 기록이다. 이외에 스스로 읊은 시를 통해 일본 문물에 대한 호기심이나 여정의 풍광에 대한 찬탄, 고향에 대한 그리움 등의 정서를 표출하기도 하였다.[3]

두 번째 담초 부분은 도합 8건의 대화를 수록하고 있다. 담초는 1880

년 수신사 김홍집이 외무경(外務卿) 이노우에 가오루(井上馨), 공사(公使) 하나부사 요시모토(花房義質) 등의 일본 측 외교 주체와 나눈 공무상의 대화를 기록한 것이다. 7월 6, 8(2회), 9, 10, 26일, 8월 3, 4일의 담초가 있으며, 일기의 해당 부분에 '담초가 있다.'[有談草]고 표시해 두어서, 그날 논의한 사항을 담초를 통해 확인할 수 있게 해두었다. 김홍집은 대체로 통역을 대동하고 일본인 관료들을 만났으므로, 이 담초들은 현장의 대화를 즉석에서 속기(速記)한 것을 박상식이 다듬어서 수록한 것으로 보인다. 박상식이 김홍집을 수행했거나 조선 관소에서 양측이 만났을 경우 박상식이 직접 대화를 받아 적었을 수도 있다. 그러나 김홍집은 통역만을 데리고 일본 관원들을 만나러 가기도 했으므로 이때에는 동행한 통사 중 한 명이 속기를 담당했을 것으로 생각된다. 『동도일사』에 수록된 담초를 통해 관세 세율의 의정(擬定), 인천 개항 문제 등 당시의 현안을 둘러싼 양국의 협상 과정, 그리고 조선과 각국의 수호(修好) 문제와 러시아와 중국의 충돌 등 국제정세에 관한 일본 측 주장의 구체적인 내용을 파악할 수 있다.

담초에 이어서 양국이 교환한 서계와 별단을 비롯하여 당시 사행에서 오간 공문과 서간들이 수록되어 있다. 여기에 실려 있는 문서들은 대부분 『비변사등록(備邊司謄錄)』, 『수신사행등록(修信使行謄錄)』, 『동문휘고(同文彙考)』 등에서도 확인할 수 있다. 이 문서들 가운데 특히 이노우에 가오루가 예조판서에게 보낸 별지(別紙), 김홍집의 「문견(聞見)」

---

3 이상 두 단락은 장진엽(2017), 「『동도일사(東渡日史)』를 통해 본 19세기 말 향촌 지식인의 동아시아 인식」, 『열상고전연구』 제59집, 열상고전연구회, 134~136면에서 가져온 것이다.

및 그가 고종에게 바친 「별단초(別單草)」는 제2차 수신사 파견의 결과
와 관련하여 주목할 만한 기록들이다. 김홍집의 글은 다른 자료에도
수록되어 있으나, 『동도일사』의 일기 및 담초와 함께 볼 때 이 글이
어떠한 과정을 거쳐 작성되었는지를 파악할 수 있다는 이점이 있다.

5 가치

『동도일사』는 『수신사행등록』, 『수신사기록』, 『동문휘고』 등에 없는
일기와 담초를 수록하고 있어 1880년 제2차 수신사의 일본 활동의 전
모를 파악하는 데 기초적인 사료의 역할을 할 수 있다. 특히 담초는
조·일 양측의 외교 주체가 당시의 현안 및 국제정세에 대해서 각각 어
떠한 관점에서 접근하고 있는지를 보여주는 흥미로운 자료이다.

한편 일기 곳곳에 드러나는 저자 박상식의 소회는 이 시기 조선 지식
인의 세계관의 한 단면을 보여주는데, 이러한 감회는 그가 만난 일본인
및 중국인들의 시각과 나란히 제시됨으로써 주목할 만한 비교의 지점
들을 만들어내고 있다. 이는 또한 담초 및 공문서에 담긴 양측 관료들
의 국제정세 인식과도 비교·분석할 만한 가치가 있다. 즉, 『동도일사』
는 1880년을 전후로 한 시기에 동아시아 각국인의 세계관이 어떠한 식
으로 병존하고 있었는지를 분석하는 데 주요한 예시를 제공해주는 텍
스트라고 할 수 있다.[4]

---

4 장진엽(2017), 137면 참조.

일기(日記)

(1880년 6월)

28일

맑음. 이날 바람이 고요하고 물결도 잔잔하여 마음이 몹시 기뻤다. 좌우의 산봉우리가 가까웠다 멀었다 하며 대나무가 흔들거리고 인가(人家)가 은은한데, 이요주(伊豫州)에 속한 곳이라고 한다.

배에서 회계를 맡은 곤도 가쓰노스케(近藤勝之助)[1]와 이야기를 나눴는데, 들을 만한 것이 많았다. 그가 간청하기에 시 한 수를 지어 주었다.

하늘 끝에서 지축까지 동서로 나뉘었는데	乾端地軸限西東
아침 해 붉은 때에 해후하게 되었구나.	邂逅相逢朝日紅
만 리 길 같은 배 탄 정의(情意) 두텁고	萬里同舟情意厚
글 한 번 써서 얼굴 알고 성명을 통하였네.	一書知面姓名通

---

1 곤도 가쓰노스케(近藤勝之助): 1868~1935. 메이지(明治)・다이쇼(大正)・쇼와(昭和)기의 사업가. 일본 도사군(土佐郡: 현재의 고치시(高知市)) 출신으로, 19세에 상경하여 일본우선(日本郵船)에 입사하였다. 이후 기륭출장소(基隆出張所) 소장 및 인천, 대만 지점장을 거쳐 이사에 취임하였다.

군막에서 작전 짜니[2] 재주 응당 클 테지.　　　籌傳帷幄才應大

사신 수레에 붙어 가는데 길이 끝나려 하네.　　尾附星軺路欲窮

뒷날 분명 부산항에서 다시 만나리니　　　　後約分明釜港在

중추(中秋)에 새로 뜬 달 밤하늘에 가득하겠지.　中秋新月滿蒼穹

차츰 동쪽 바다를 향해 가며 멀리 바라보니, 산기운이 푸릇푸릇하여 별처럼 벌여 있고 바둑돌처럼 늘어서 있다. 이곳은 아키주(安藝州)라고 하는 곳인데, 마관(馬關: 아카마가세키(赤間關))을 떠올리고서 시를 지었다.

날 저물녘 적간진(赤間津)에 배 대어두고　　　乘昏來泊赤間津

안내하는 승려를 차례차례 따라가네.　　　　前導緇衣次第因

누각엔 붉은 등 걸어 대낮처럼 밝고　　　　水閣紅燈明似晝

정자와 큰길은 티끌 하나 없이 깨끗하네.　　街亭白道淨無塵

장사하는 집에는 강남의 보배가 쌓여 있고　通商家貯江南寶

손님 대접하는 밥상엔 해외의 진미가 올라 있네.　供客盤登海外珍

생긴 것은 다르지 않은데 언어가 달라서　　狀貌不殊言語異

가까워지려 해도 친해지기 어렵구나.　　　縱能相近未能親

뱃사람 도쿠로(德郞)라는 자와 자주 마주쳐서 얼굴을 익혔는데, 그가 책 한 권을 가져 와서 내게 보여주었다. 곧 그 나라의 외사(外史)였다.

2　군막에서 작전 짜니 : 원문의 '주전유악(籌傳帷幄)'은 '운주유악(運籌帷幄)'의 의미로, 후방에서 전략(戰略)을 짜는 것을 뜻한다. 곤도 가쓰노스케가 회계 업무를 맡은 것을 빗댄 표현이다.

몇 자 적어 감사를 표했다.

좋은 책을 나에게 보라고 하니	佳篇要我覽
그대 또한 독서하는 사람이구려.	公亦讀書人
만 리 길 같은 배 타고 온 정	萬里同舟意
어느 때고 응당 잊지 않으리.	應無可忘辰

또 두 가지 물건을 가리켜 보여서, 시를 지었다.

기슭에 늘어선 판잣집 괴석(怪石)인가 의심되고	板屋緣崖疑怪石
바다에 떠가는 돛단배 날아가는 솔개 같네.	布帆浮海等飛鳶
이밖에도 뛰어난 구경거리 적지 않다만	此外奇觀知不少
그대의 부탁으로 문득 시를 짓노라.	爲君要請輒相酬

선장이 주찬(酒饌)을 내왔다. 프랑스의 포도주와 미국의 배였는데, 모두 훌륭한 품종이고 맛도 좋았다. 지나온 좌우의 구릉지에는 아래에서부터 꼭대기까지 층층이 밭을 일궈놓았는데, 기장과 콩 따위가 무성히 자라서 볼 만하였다. 또한 그림 같은 풍경이지만 섬나라 오랑캐들에게 곡식이 귀하다는 것은 묻지 않아도 알 수 있다.

29일

새벽에 비가 내리다가 아침에 갬. 사시(巳時: 오전 9~11시)에 셋쓰주(攝津州) 고베항(神戶港)에 도착했다. 아카마가세키에서 1,700리 떨어진 곳이라고 한다. 효고현(兵庫縣) 외무과장(外務課長) 야나기모토 나오

타로(柳本直太郎), 오사카(大坂)³ 속관(屬官) 히가시하라 가네노리(東原
宜謙), 서경(西京)⁴ 속관 가타야마 마사나카(片山正中)가 배로 찾아와 문
안하였다. 작은 배를 끌어당겨 연안에 올라서 인력거로 갈아타고 몇
리쯤 가서 여관에 도착하였다. 대상(大商) 센자키 야고로(專崎彌五郎)의
집인데, 근년에 새로 지은 것이라고 한다.

위로 올린 집이 넉넉히 십 수 평은 됨직하고 높이는 3층이다. 담벼락
에 청색과 황색 흙을 발라 마치 채색종이를 두른 듯했다. 변소는 위층
에 있는데 전혀 더러운 냄새가 나지 않는다. 뒤뜰에 가산(假山)을 쌓았
는데, 기이한 나무와 괴이한 소나무가 많으니 모두 새로 심은 것이다.
물 뿌리는 사람 한 명을 두어 아침저녁으로 물을 뿌려 마르지 않게 한
다. 아래에는 돌을 쌓아 연못 한 이랑을 만들어서 붉은 물고기 몇 백
마리를 기르고 있다. 앞 계단에는 소철나무라는 것을 심었는데, 대들
보만큼 커서 몹시 기이하고도 우람하였다.

먼저 당과(糖果)와 술과 차 따위를 내오고 이어서 점심을 내왔다. 어
린 여자 셋에게 음식을 나르게 하였는데 모두 아리따운 자태가 있었다.
음식이 신선하고 담백하여 한번 배불리 먹을 만하였다. 조금 뒤에 효고
현에 장무관(掌務官)을 보내 답례하였다. 현령(縣令)이 6등 속관 아오키
간(靑木幹)을 보내어 접대를 도맡아보게 하였다. 순사(巡査) 몇 명이 또
한 문밖에서 호위하였다.

---

3 오사카(大坂) : 오사카의 현대식 표기는 '大阪'이다. 본래 오사카는 '大坂'으로 썼는데
에도시대 중기부터 두 가지 표기가 혼용되다가 메이지유신 이후 '大阪'이 정식 표기로
확정되었다. 그러나 『동도일사』에서는 종전의 관습대로 '大坂'이라는 글자를 사용하고 있다.
4 서경(西京) : 교토(京都)를 가리킨다. 교토는 조선시대에 주로 '왜경(倭京)'이나 '서경
(西京)'으로 표기되었는데, 『동도일사』 역시 종전의 관습을 따라 서경이라는 표현을 사용
하고 있다.

30일

맑음. 밤들어 바람이 차츰 거세지고 흰 물결이 하늘까지 치솟으니, 저들 가운데 배가 늦기 전에 들어온 것을 축하해주는 이들이 많았다. 주방에서 이제야 밥을 내왔는데 날짜가 늦어졌기 때문이다. 장무관을 서경에 보내 답례하였는데, 여기서부터 230리의 철로(鐵路)를 달려야 하는 거리이다.

선장이 "이번 화선(火船)은 선체가 작아 큰 바다를 달려갈 수 없으므로 비각선(飛脚船)[5]을 기다렸다가 떠난다."고 아뢰었다며 역관이 와서 전해주었다. 그래서 일단 머물기로 하였다. 눈에 보이는 것을 우연히 읊었다.

버드나무 늘어선 길 끝에 돌길이 빗겨있는데	楊柳街頭石逕斜
분칠한 담장 이층집은 누구의 집인가.	粉墻重屋是誰家
아녀자들 낯선 손님 꺼리지 않아	兒女不嫌生面客
아가씨들이 웃으며 병 가득 담은 꽃을 올리네.	娘娘笑進滿甁花

이날 밤 사경(四更: 새벽 1~3시)에 객관 누각에서 담제(禫祭)[6]를 지냈다.

---

5 비각선(飛脚船) : 에도시대 및 메이지 초에 사용된 배. 에도시대 주요 항구 사이에 급한 용무가 있을 때 사용하던 배이다. 1867년 에도-오사카 간 항로가 정비된 후로 증기비각선(蒸氣飛脚船)이 정기적으로 운행되었다.

6 담제(禫祭) : 상복을 벗을 때 올리는 제사. 여기서는 철종비(哲宗妃) 철인왕후(哲仁王后)의 담제를 지낸 것이다. 『승정원일기』 고종 17년(1880) 7월 1일자 기사에 고종이 효휘전(孝徽殿) 담제를 친히 행했다는 기록이 보인다.

7월

1일

맑음. 해 뜰 무렵 망궐례(望闕禮)를 지냈다. 100리 떨어진 오사카에 서기를 보내 답례하였는데, 역시 기찻길이었다. 주인 센자키가 함 하나를 가지고 와서 써 보였다.

"올해 여름에 우리 황상(皇上)께서 서쪽으로 순시하러 가시던 길에 여기에서 하룻밤 머무셨는데, 그때 배행했던 산조(三條) 대신이 써 준 것입니다."

그리고 함을 열어서 보여주었는데, 종이로 싼 상서(上書)와 어사금 (御賜金) 천 원(圓), 술잔 하나가 들어 있었다. 안에 옥색 비단에 쓴 글씨가 있었는데, 서법이 웅건하여 한참 감상하고서 영광스런 일이라고 치하하니 주인이 크게 기뻐하였다. 고베(神戶)의 한 부잣집에 국황(國皇)이 친히 방문해 하루를 머물면서 천 원 돈과 1원의 옥배(玉杯)를 하사하고 태정대신(太政大臣)이 친필을 내려주었으니 더 없이 큰 영예라고 할 만하다.

며칠 계속 머물 동안 아녀자 무리들이 가까이서 시중을 드니 사랑스런 마음이 들어 시 한 수를 낭랑히 읊어주었다.

동양 여인네들임은 절로 분명한데	東洋女隊自分明
나이 겨우 십여 세에 이미 숙성했구나.	年纔十餘盡夙成
좋은 말을 걸어와도 알아듣기 어렵고	好語挑來難解語
정 두기에 보면 또한 무정하네.	留情看去亦無情
붉은 입술에 분 바른 뺨 비록 아름다우나	朱脣粉頰雖云美

맨발에 검은 옷은 또한 정결치 않네.　　　　　　白足緇衣也不精
이따금 중당(中堂) 가까이 와서 웃음을 보내주니　時近中堂供一笑
덕분에 나그네 시름이 한결 가벼워지네.　　　　　羈愁從此十分輕

마침 돌아가는 배편이 있어 집에 보낼 편지를 써서 부쳤다.

2일

맑음. 소마 고지(相馬幸治)라는 사람이 명함을 넣었기에 만나보았는데, 시 한 수 얻기를 간절히 청하였다. 굳이 사양하였으나 청하기를 그치지 않기에 한 수 지어주었다.

해 기운 신선 물가에 독한 연기 사라져　　　　　斜日神洲斂瘴烟
판자 다리 남쪽 가에 잠시 배를 멈추었네.　　　　板橋南畔暫停船
검푸른 바다는 가도 가도 육지 없는 듯　　　　　滄溟去去疑無陸
섬들이 생기고 생겨 별천지를 이루었네.　　　　　島嶼生生別有天
버드나무 밖으론 십자(十字) 거리가 이어졌고　　十字街通楊柳外
구름 가에는 삼층 누각 솟아 있네.　　　　　　　三層閣起水雲邊
이곳 사람들 좋은 경치 탐하는 벽이 있어서　　　居人性癖耽佳景
이상한 물건 신기한 모습이 눈앞에 벌여 있구나.　異物奇形列眼前

다시 벽에 걸린 시에 차운하여 지었다.

사흘 동안 홀로 여관 깊숙이 들어가 있다가　　　三日孤居旅館深
억지로 높은 누각에 올라 나직이 시를 읊조리네.　強登高閣索沈吟

바닷가엔 푸른 산 먼 그림자 일렁이고	濱海靑山搖遠影
누각 앞엔 푸른 나무 맑은 그늘이 걸려 있네.	當樓碧樹掛淸陰
문 앞에 댄 배들엔 오초(吳楚)의 보화 가득하고	船泊門前吳楚貨
벽에 걸린 시들엔 한당(漢唐)의 음률 남아있네.	詩留壁上漢唐音
주인이여, 풍류객이냐고 묻지를 마소.	主人莫問風流客
만 리 길 남쪽 유람은 예나 지금이나 그대로라네.	萬里南遊自古今

3일

맑음. 신문지(新聞紙)를 가져다가 보았는데, 제목을 《오사카일보(大坂日報)》[7]라고 하였고 그 아래에는 일용사무(日用事務)를 열거해 놓았다. 그 가운데 "조선 사절이 고쿠마치(石町) 산쿄로(三橋樓)에 와서 머물고 있는데, 인원은 59인이다."라는 말이 있었다. 날이 저물어 거리에 나오자 한 청나라 사람이 나에게 자기 거처로 들어오라고 하고는 다과를 대접하였다. 필담을 주고받았는데, 내가 말했다.

우연히 중원(中原)의 객과 마주하니	偶對中原客
고국 사람을 만난 듯하구나.	如逢故國人
작은 누각 안에서 향기로운 차 마시며	香茶小閣裏
한바탕 회포를 풀어낸다네.	懷抱一般陳

그 노인이 붓을 들고 한참 있다가 읊었다.

---

7 《오사카일보(大坂日報)》: 메이지시대의 신문으로, 《오사카마이니치신문(大阪每日新聞)》과 《도교히비신문(東京日日新聞)》의 전신이다. 1876년 창간, 1882년 휴간되었다.

구주(歐洲)의 밖으로 멀리 바라보면 　　　　　　放眼歐洲外

지구상엔 모두 똑같은 사람일세. 　　　　　　　球輿共一人

만일 진(秦)과 진(晉)의 우호[8]가 없다면 　　　　如無秦晉好

어찌 꼭 주진(朱陳)[9]의 연을 맺어야 하겠나. 　　何必結朱陳

　다시 그의 이름을 물었는데, 바로 부영사(副領事) 빙소위(憑昭煒)였다. 이어서 얼마간 문답을 하다가 다시 만나기로 약속하고 돌아왔다.

　도로를 두루 살펴보니 십자(十字) 대로엔 수많은 기정(旗亭)이 늘어서 있고[10] 나무들이 잇달아 서 있으며, 철길이 가로세로 뻗어서 기차가 막힘없이 왕래하고 인력거가 곳곳에 줄지어 서 있다. 벽돌로 쌓은 맑은 도랑에는 마름과 연잎이 어우러져 있고, 채색 기둥에 구리선을 걸어 전신(電信)이 통하게 하였다. 서양인의 집이 절반이 넘고, 청나라 상인의 관소가 그중 하나를 차지한다. 나는 듯한 용마루가 십 리를 이어져 있고 인가 사이에 빈틈이 없으며, 굴뚝이 백 길 높이인데 화륜(火輪)이 작동하고 있는 것을 알 수 있다. 물가에 가득한 배들은 대부분 삼범선(三帆船)이었으며, 빙 둘러 있는 인가(人家)는 온갖 물화를 뽐내고 있다. 산봉우리는 수려하면서도 험하지 않고 마을 거리는 즐비하면서도 시끄

8　진(秦)과 진(晉)의 우호 : 원문의 '秦晉好'는 혼인으로 맺어진 우호관계를 의미한다. 춘추시대 진(秦)과 진(晉)의 왕실이 대대로 인척관계였던 데서 유래한 말이다.

9　주진(朱陳) : 혼인을 통해 인척관계를 맺는 것을 뜻한다. 옛날 중국의 서주(徐州) 고풍현(古豐縣)에 주진촌(朱陳村)이란 곳이 있었는데, 주씨(朱氏)와 진씨(陳氏) 두 성(姓)이 서로 혼인하여 화목하게 지냈던 마을이라고 한다.

10　수많은 …… 있고 : 원문은 '百隊旗亭'이다. 당(唐) 왕발(王勃)의 시 〈임고대(臨高臺)〉에 "깃발 세운 정자 백이나 모여 새 시장 열었고 / 부귀한 집 천 채가 척리(戚里)를 나누었네.[旗亭百隊開新市, 甲第千甍分戚里.]라는 구절이 있다.

럽지 않으니, 번화한 대거처(大去處: 왕래가 많은 큰 곳)라고 할 만하였다.

와카노우라마루(和哥浦丸)가 들어왔다는 말이 문득 들리기에 배를 구경하러 갔다. 지토세마루(千歲丸)보다 3분의 2는 큰데 화려하고 정교함을 이루 말할 수 없으니, 이것이 삼범비각선(三帆飛脚船)이다.

4일

밤에 비 옴. 지난 달 29일부터 오늘까지의 여관비 50원을 효고현령이 지불했다고 한다. 신시(申時: 오후 3~5시)에 배에 올랐다. 주인 센자키와 과장 야나기모토가 모두 뱃머리에서 작별하였다. 선장의 안내로 선실에 들어갔다. 이불과 요가 두껍고 부드러우며 매우 깨끗했고, 등잔과 세면대 같은 도구들도 모두 정교하게 갖추어져 있었다. 이층으로 된 좌석도 편안하여 좋았다.

술시(戌時: 오후 7~9시) 정각에 닻을 올리고 차츰 동북으로 향했다. 지나가는 바다에는 붉고 흰 등대가 서 있다. 아래에 석유를 저장해두고 가스를 위로 끌어올리는데, 낮에는 은은하고 밤에는 환해서 그 불빛으로 암초를 피한다고 한다. 쓰시마(對馬)에서 고베 사이에도 이런 것이 많다. 포구 가까운 부두에 하얀 돈대를 큰 집처럼 쌓아서 밤새도록 등을 걸어 뱃길을 밝힌다고 한다. 이것들은 모두 서양의 제도이다.

5일

밤에 비 옴. 멀리 동남쪽을 바라보니 후지산(富士山)이라는 것이 있는데, 산꼭대기가 분칠한 듯 하얗다. 뱃사람이 "지난겨울에 쌓인 눈이 아직 다 녹지 않은 것입니다."라고 하였다.

풍랑이 조금 일어 배 안에 있던 사람들이 모두 어지러워하며 드러누

웠다. 이곳은 태평양에서 가장 험한 곳이라고 한다. 동행하던 일본인 아비루 고사쿠(阿比留廣作)가 갑자기 죽었다. 이는 혹 따로 빌미가 있어서 그런 것인가, 아니면 뱃멀미를 견디지 못해 그런 것인가? 몹시 해괴하다. 그 아내의 나이가 겨우 열여섯인데, 시신 곁에서 흐느껴 울기를 그치지 않았다. 사람의 떳떳한 성(性)은 이류(異類)라고 해서 다른 것이 아니다.

6일

맑다가 밤에 비 옴. 배 위에서 부묘제(祔廟祭)[11]를 지냈다. 묘시(卯時: 오전 5~7시)에 2,400리 떨어진 요코하마항(橫濱港)에 도착했다. 화륜선(火輪船)과 돛단배들이 좌우에 잇달아 정박해 있는데 몇 백 척인지 알 수가 없다. 부두와 잔교(棧橋)가 해안을 빙 둘러있고 세관 건물과 상가(商家)가 눈 가득 번화하여 이루 다 기록할 수가 없다.

외무성(外務省) 1등 속관 엔도 이와오(遠藤岩雄)와 가나가와현(神奈川縣) 7등 속관 혼다 시즈나오(本多靜直), 8등 속관 가와키타 쇼조(川喜多壯藏)가 모두 배에서 문안하였다. 배에서 내려 인력거를 타고 마을회관[町會所]에 도착하여 다과를 들며 잠시 쉬었다. 시나가와역(品川驛) 정거장에 가서 화륜차(火輪車)【차의 제도와 철로의 규칙은 모두 차례대로 기록하여 올림】를 타고 도쿄(東京)까지 80리를 가서 신바시(新橋)에 도착했는데,[12]

---

11 부묘제(祔廟祭) : 삼년상을 마친 후 그 신주를 조상의 사당에 모실 때 올리는 제사. 이날 철종비(哲宗妃) 철인왕후(哲仁王后)의 부묘제를 지낸 것이다. 1880년 7월 6일 철인왕후를 효휘전(孝徽殿)에서 태묘(太廟)에 부묘(祔廟)하고 부묘제를 지냈다. 『승정원일기』 고종 17년 7월 6일자 기사에 관련 기록이 보인다.

12 도쿄(東京)까지 …… 도착했는데 : 원문은 '到東京八十里新橋'이다. 『동사만록(東槎漫錄)』에서는 요코하마부터 도쿄까지의 거리를 조선의 이수(里數)로 계산하면 70리라고 하

겨우 오시(午時: 오전 11시-오후 1시) 반각(半刻)이었다. 기차가 얼마나 빠른지 형용할 수가 없다. 지나쳐간 곳의 날아가는 새가 마치 연기에 엉겨 붙어 가지 못하고 뒤쳐지는 것 같은 모습만 겨우 보이고, 산자락의 시골집이나 길가의 사람들도 번개처럼 지나가버려 얼굴을 알아볼 수 없다. 귓가에는 그저 천둥치는 소리만 들리는데 그 소리가 오래도록 그치지 않으니, 바람을 타고 나는 신선이라도 이보다 더할 수는 없을 것이다.

철도각(鐵道閣) 위에 올라가 도쿄를 내려다보니 널따란 거리가 번화하고 흥성하여 여태 지나온 여러 항구들에 비할 바가 아니었다. 남쪽 바다를 바라보니 포대(砲臺)가 겹겹인데 앞줄이 내만(內灣)의 문호가 된다. 이곳이야말로 웅장한 도시라고 할 만하다. 가던 중에 외무성 권대서기(權大書記) 사쿠라다 지카요시(櫻田親義)가 문안하러 왔다. 다시 인력거를 타고 출발하여 세 겹의 성문(城門)을 거쳐 호라이바시(蓬萊橋), 교바시(京橋), 아사쿠사바시(淺草橋)를 지났다. 도로가 극히 평탄하고 상점들은 깨끗하게 정돈되어 있었다. 버드나무를 심은 둑길을 따라 20리를 가서 혼간지(本願寺)에 도착해 관사를 정하였다. 비록 층집은 아니었지만 탁 트여서 머물 만했다.

외무소보(外務小輔) 요시카와 아키마사(芳川顯正)와 변리공사(辨理公使) 하나부사 요시모토(花房義質)[13]가 함께 와서 먼 길 온 노고를 위로하

였으며, 『일동기유(日東記游)』에서는 신바시(新橋)에서 에도(江戶)까지 10리이고, 요코하마(橫濱)에서 신바시까지 90리 길이라고 하였다. 또, 『일사집략(日槎集略)』에서는 요코하마에서 신바시역까지 73리라고 했다. 이로 보면 이 구절에서 80리라고 한 것은 요코하마에서 도쿄의 신바시역까지의 거리를 뜻하는 것으로 이해된다.

13 하나부사 요시모토(花房義質) : 1842~1917. 메이지·다이쇼 시기의 외교관. 오가타 고안(緖方洪庵)에게서 난학(蘭學)을 배웠으며 1867년 유럽과 미국에 유학하고 이듬해 귀국하였다. 1870년 외무성 어용괘에 기용되고, 같은 해 청에 파견되었다. 1871년 공사관

고, 어려운 점이 있으면 힘껏 돕겠다고 하였다. 외무성에서 다과를 올리고 이어서 저녁밥을 내었다. 반찬이 무난하고 담백하여 좋았다. 권대서기 사쿠라다, 야마노조 스케나가(山之城祐長), 이시바타 사다(石幡貞), 도미타(富田)도 와서 문안하였다.

7일

아침에 비 오다가 오후에 갬. 혼간지 승려 사무총리(事務總理) 권소교정(權少敎正) 스즈키 스이후(鈴木彗浮)가 명함을 들이고 문안하러 왔다. 순사 몇 명이 문밖에서 지키고 있는데, 저마다 긴 칼을 들고서 왔다 갔다 하며 조금도 쉬지 않는다. 비바람이 불거나 어두운 밤이라 해도 한 발짝도 떠나지 않으며, 다만 시간을 정해 교대한다고 한다. 저녁이 되니 모기나 등에 따위가 많았다. 외무성에서 푸른 장막 십여 개를 보내주어서 각 방에 둘러치니 다행히도 편히 잘 수 있게 되었다.

8일

맑음. 사상(使相: 제2차 수신사 김홍집(金弘集)[14]을 지칭함)이 당상관(堂

서기생 및 대리공사(代理公使) 신분으로 조선을 방문하여 조일 무역 교섭에 힘썼다. 1872년 외무대승이 되어 군함 2척을 인솔하고 부산에 왔으나 별다른 성과 없이 귀국하였다. 1873년 러시아 공사관 서기관이 되어 공사를 도와 사할린·쿠릴열도교환조약(樺太千島交換條約)을 체결하였다. 1877년 조선 주재 대리공사로 임명되었다. 1878년 8월 조선이 부산 두모포에 세관을 설치하고 수입세를 징수하자, 하나부사는 이것이 강화도조약에 위배된다 하여 세관 철거를 요구하였다. 결국 12월에 세관이 철거되었다. 1880년 4월 일본정부는 일본 공사의 한성 상주화를 결정하고 여기에 하나부사를 임명하였다. 이 공사관의 정식 실치 및 인천 개항 문제에 관해 김홍집과 논의하여 국서를 교환하였고, 이에 하나부사는 변리공사(辨理公使)로 승격하게 되었다.

14 김홍집(金弘集) : 1842~1896. 초명은 굉집(宏集). 본관은 경주, 자는 경능(景能), 호는

上官)¹⁵과 함께 아랫사람 몇 명만 데리고 외무성에 갔다. 외무경(外務卿) 이노우에 가오루(井上馨)¹⁶와 대서기(大書記) 미야모토 고이치(宮本少 一)¹⁷가 없어서, 대보(大輔) 우에노 가게노리(上野景範), 권대서기 사쿠

도원(道園)·이정학재(以政學齋). 1867년 정시 문과에 급제하고 이듬해 승정원 사변가주 서(事變假注書)에 임명되었으나 연이어 상을 당해 5년간 벼슬에 나아가지 못했다. 1873년 복직하였고 1875년부터 3년간 흥양현감(興陽縣監)으로 있다가 1877년 내직으로 승진, 1879년 돈녕도정(敦寧都正)이 되었다. 1880년 제2차 수신사에 임명되어 58명의 수행원을 이끌고 일본에 다녀왔으며, 이후 예조참판으로 승진하였다. 김홍집은 이 사행에서 주일 청국 공사 하여장(何如璋)과 참찬관 황준헌(黃遵憲)을 만나 개화사상에 관해 많은 대화를 나누었다. 그가 귀국 시 가져온 황준헌의『조선책략(朝鮮策略)』및 정관응(鄭觀應)의『이 언(易言)』은 조야의 큰 관심을 끌었으며, 고종을 비롯한 조정 관료들이 개화정책을 채택 하는 데에 직접적인 영향을 미쳤다. 1880년 말 조선을 방문한 변리공사 하나부사 요시모 토와 인천 개항 문제를 합의하였으며, 12월에는 통리기무아문 당상경리사(堂上經理事)로 임명되었다. 이후 1884년 예조판서와 독판교섭통상사무(督辦交涉通商事務)를 겸임하면 서 대외교섭의 책임자가 되었고, 갑신정변 발발 후에는 이의 수습을 위해 좌의정 겸 외무 독판(外務督辦)에 임명되어 한성조약(漢城條約) 체결을 이끌었다. 1894년 영의정에 제수 되고 같은 해 6월 일본군의 경복궁 점령 후 갑오내각을 출범시켰다. 김홍집은 1차 갑오정 권에서 총리대신으로 내각을 이끌며 군국기무처(軍國機務處)를 중심으로 갑오개혁을 추 진하였다. 이후 1896년 아관파천이 발생하면서 친러파 중심의 내각이 구성되었고, 이 때 문에 고종에게 간언하러 가던 길에 그를 을미사변의 주동자로 지목한 성난 군중에 의해 죽임을 당했다.

15 당상관(堂上官) : 일본어 통역을 맡은 당상역관(堂上譯官)을 가리킨다. 이 시기 당상 관은 이종무(李宗懋)이다.

16 이노우에 가오루(井上馨) : 1836~1915. 메이지·다이쇼기의 정치가. 1875년 조선에 파견되어 조일수호조규(朝日修好條規)를 체결하였으며 이후 1879년 외무경에 임명되었 다. 1880년에는 외무경으로서 제2차 수신사를 맞아 세계의 답과 함께 조선과 서양 각국과 의 수호를 촉구하는 내용의 별지를 작성하여 보냈다. 이후 1882년 임오군란이 발발했을 때 당시 조선 공사였던 하나부사 요시모토(花房義質)를 지휘하였다. 1884년 12월 갑신정변 이 발발하자 스스로 전권관리대신으로 부임하여 군함 7척과 군대 2천여 명을 이끌고 조선 에 가서 한성조약(漢城條約)을 체결하였다. 1892년 이토 히로부미(伊藤博文) 내각이 성립 하자 내무대신에 취임하였고, 1894년 청일전쟁 이후 특명전권공사로 조선에 파견되었다.

17 미야모토 고이치(宮本少一) : 1836~1916. 메이지 초기의 외교관. 미야모토 오카즈(宮 本小一)라고도 한다. 1876년 조일수호조규 체결에 종사했으며 이후에는 조일통상장정(朝 日通商章程)을 조사하는 임무를 맡아 수행하였다. 1880년에는 외무대서기로 있으면서

라다, 소보 요시카와, 공사 하나부사 등에게 서계(書契)[18]를 전해 주고, 간단히 문답을 나눈 뒤 바로 관소로 돌아왔다. 전 쓰시마 도주(島主) 소 시게마사(宗重正)[19]가 속관을 보내어 문안하였다.

9일

맑음. 이른 아침에 미야모토 고이치가 처음으로 관소에 왔다. 담초 (談草)가 있다.

두 판사(判事)[20]를 각 성(省)에 나누어 보내 먼저 문안하고, 서기관을 소 시게마사의 관소에 보내 답례하였다. 신시가 지나서 원로원(元老院) 의장(議長) 오키 다카토(大木喬任)가 7등 서기 기타가와 히로시(喜多川 廣)를 보내고, 공부경(工部卿) 야마오 요조(山尾庸三)가 4등 속관 시미즈 조테쓰(淸水常鐵)를 보냈으며, 대장경(大藏卿) 사노 쓰네타미(佐野常民) 가 소서기(小書記) 오타니 야스시(大谷靖)를 보내 각각 명첩(名帖)을 올리고 치사(致謝)하였다.

제2차 수신사 김홍집 일행을 접대하였다.

18 서계(書契) : 조선시대에 일본과 주고받은 공식 외교문서를 가리키는 말이다.

19 소 시게마사(宗重正) : 1847~1902. 메이지시대의 화족(華族)으로 제16대 쓰시마후추 번(對馬府中藩) 번주이다. 1869년 메이지 정부의 명에 따라 조선에 왕정복고를 알렸으며, 1871년 폐번치현 조치로 번이 폐지된 후 외무대승(外務大丞)에 취임하였다. 1876년에는 제1차 수신사 김기수(金綺秀)를, 1882년에는 제4차 수신사 박영효(朴泳孝)를 접견한 바 있다.

20 두 판사(判事) : 판사(判事)는 통역을 맡은 상판사(上判事)를 가리킨다. 이 시기 상판 사는 김윤선(金允善)과 변종기(卞鍾夔)이다.

10일

맑음. 사시에 하나부사와 이시바타 사다가 이야기를 나누러 왔다. 육군 중장(中將) 구로다 기요타카(黑田淸隆)가 8등 속관 다케우치 오콘(竹內於菎)을 보내어 치사하였다.

오시에 사상을 모시고 외무경의 집에 가서 안부를 묻고 이야기를 나누었다. 자리에는 양탄자를 깔고 탁자는 비단으로 덮어 거처가 몹시 아름다웠으며, 정원의 기이한 꽃과 풀들이 비할 데 없이 고왔다. 돌아오는 길에 하나부사의 집에 들렀는데, 집터가 비록 넓지는 않았지만 정원의 나무들이 곱고 깨끗하여 자못 맑은 풍치가 있었다. 책상 위의 서권(書卷)과 늘어놓은 애호품들 중에 우리나라 물건이 많았다. 이어서 주과(酒果)를 올려 성의를 표했는데, 강(姜) 선생[21]이 시 한 수를 보이기에 나도 화운(和韻)하였다.

우리 행차 어찌 마경(馬卿)[22]의 유람 같으랴	我行何似馬卿遊
만 리 길 가는 배가 창해일속이라네.	一粟滄波萬里舟
북두성이 고향이건만 상계에서 길을 잃고	斗北家鄕迷上界
해동의 나라에서 물결 가운데 떠 있네.	海東邦國泛中流
진나라 옷 월나라 치아[23]라 일찍이 습속 다르다만	秦衣越齒曾殊俗
오동잎 매미 소리엔 오히려 가을날 생각나네.	梧葉蟬聲尙記秋

---

21 강(姜) 선생 : 1880년 제2차 수신사에 서기로 수행한 강위(姜瑋)를 가리킨다.

22 마경(馬卿): 한대(漢代)의 사부가(辭賦家) 사마상여(司馬相如)를 가리킨다. 그의 자가 장경(長卿)이었기에 '마경'이라고 한 것이다. 사마상여는 널리 산천을 유람하며 견문을 넓혔던 것으로 알려져 있다.

23 월나라 치아 : 이를 검게 물들이는[染齒·漆齒] 일본 여자들의 풍속을 가리키는 것이다.

기이한 물건들 일찍이 본 적 없는 것들이라   異物未嘗看着意

많이 알아두려고 자주 고개를 돌리네.   爲求多識數回頭

11일

맑음. 문부경(文部卿) 고노 도가마(河野敏謙)가 대서기 시마다 사부로(島田三郎)를 보내고, 육군경(陸軍卿) 오야마 이와오(大山巖)가 소좌(少佐) 우에료 요리카타(上領賴方)를 보내어 각각 치사하였다. 오시에 외무경 이노우에 가오루와 공사 하나부사가 와서 이야기를 나누었다. 천하의 형승(形勝)과 세계의 대세(大勢)를 말했는데, 저의를 과장하지 않은 것이 없었다.

신시에 방향을 돌려 박물장(博物場)에 갔다. 바깥문에 '박물관(博物館)'이라는 편액을 내걸었고, 곁에 수졸(守卒)이 머무는 곳이 있다. 구경하러 온 사람들에게 세(稅)를 받는데, 각각 목패(木牌)를 주어 출입을 증명한다. 외무성의 지시에 따라 우리 일행은 세를 내지 않는다고 한다.

박물관을 살펴보니 마당의 둘레가 4, 5정(町)이 된다. 안쪽 문에서 몇 걸음 가니 소철나무가 있다. 뿌리 하나에 줄기가 대여섯 개인데 각각 길이가 몇 길씩은 되었다. 여기서부터 점점 들어가면서 보니 기이한 화초가 천, 백 가지나 되는데 이름을 아는 것이 하나도 없었다. 전당(前堂)에 도착하니 지키는 관원이 먼저 증표를 확인하고 흡연을 금한 뒤에 구경을 허가하였다. 1층에는 각국 명현(名賢)의 소상(塑像)이 있고, 나머지 각층은 의복과 그릇, 그리고 고금의 물상(物像)으로 갖추고 있지 않은 것이 없었으며 모두 유리로 장식해 놓았다. 회랑에 이르니 인골(人骨) 전체와 날짐승 들짐승의 전신 뼈가 있는데, 차마 눈으로 볼 수 없는 것들이 많았다. 동산의 곰, 사슴, 원숭이, 학, 까마귀, 기러기, 비

둘기, 꿩, 앵무새, 공작, 매, 새매, 여우, 토끼, 물소, 멧돼지, 물고기, 자라 등속이 살아 움직이는 모습이 사랑스러웠다. 그밖에 기괴한 물건들은 정신이 피곤하고 눈도 흐릿해져서 전부 다 볼 수가 없었다. 저들이 말하기를, "여기 있는 물건들은 병자신사(丙子信使: 1876년의 제1차 수신사)가 본 것과 비교하면 따로 준비한 것이 많긴 하지만 그래도 널리 갖추지 못한 것이 아쉽습니다. 반드시 서양 36국, 동양 37국이 서로 통하게 된 뒤에야 마칠 수 있는 일입니다."라고 하니, 그 자랑하고 과장하는 버릇이 웃음을 자아낸다.

12일

맑음. 태정대신 산조 사네토미(三條實美)가 속관을 보내어 치사하였다. 좌대신(左大臣) 다루히토 친왕(熾仁親王)이 속관 호리우치 벤(堀內辨)을 보내고, 사법경(司法卿) 다나카 후지마로(田中不二麿)가 1등 속관 다케다 다다타카(竹田忠質)를 보내고, 궁내경(宮內卿) 세키 미치노리(關迪敎)[24]가 2등 속관 와다 지카요시(和田比義)를 보내어 각자 명함을 갖추어 위문하였다.

신시에 하나부사가 왔다. 담초가 있다.

13일

잠시 비 옴. 옛 쓰시마 도주 소 시게마사가 문안하러 왔다. 지난날의

---

24 궁내경(宮內卿) 세키 미치노리(關迪敎) : 이 시기 일본의 궁내경은 세키 미치노리가 아니라 도쿠다이지 사네쓰네(德大寺實則)였다. 궁내성 관원을 궁내경으로 오인한 것으로 보인다. 7월 22일 일기에 궁내경 도쿠다이지가 미야지마 이치로(宮島一郎)를 보내 문안했다는 기록이 나온다.

우의(友誼)에 관한 이야기가 나왔는데, 개탄하는 마음이 많았다. 옷차림은 옛 제도를 고치지 않았다. 나이는 마흔에 가까웠고, 용모가 준수하고 호방하여 자못 장부의 기상이 있었다.

14일

밤에 비 옴. 내무경(內務卿) 마쓰카타 마사요시(松方正義)가 소서기 도미타 도조(富田冬三)를 보내 문안하였다. 대청(大淸) 참찬관(參贊官) 황준헌(黃遵憲)과 양추(楊樞)가 같이 와서 위문하였다. 그 모습을 보니 옆머리는 다 깎고 정수리 머리만 남기고는 땋아서 넓적다리까지 늘어뜨렸다. 위에는 푸른 두루마기를 입었고, 안에 입은 것은 우리 옷 모양과 비슷하면서 약간 다르다. 관은 박[匏子] 모양과 같고 흰색인데 붉은 털로 장식하였으며, 당혜(唐鞋)를 신었다. 모두 좋은 모양이 아니었다. 이어서 필담을 하였다.

"조정은 귀국에 대하여 기쁨과 슬픔을 나누고 걱정과 즐거움을 함께하였습니다. 근래의 시세(時勢)는 서양 각국이 날로 핍박해 오는 상황이니 우리 두 나라가 마땅히 더욱 친밀해져야 할 것입니다. 우리들은 일본에 삼 년을 머물면서 이류(異類)들과 대화를 나눌 뿐이었는데, 지금 귀하신 분들을 맞이하니 진실로 타향에서 오래된 벗을 만난 것과 같을 뿐만이 아니니 기쁜 마음을 말로 다 표현할 수가 없군요. 제 생각에 만약 각하께서 일본에 상주한다면 반드시 나랏일에 크게 보탬이 되는 바가 있을 것입니다. 지금 세상의 대세는 실로 4천 년 동안 없었던 일이며, 요(堯)·순(舜)·우(禹)·탕(湯)도 생각지 못했던 바입니다. 옛 사람의 처방을 붙잡고서 오늘날의 병을 고치려 한다면 잘 될 리가 없습니다. 각하의 총명함으로 날마다 견문을 넓혀간다면 장차 나라를 주관하여 반드시 아세아(亞細亞)에 복을 가져올 수 있을 것입니다."[25]

15일

맑음. 이른 아침에 망궐례를 하였다. 며칠째 글 쓰는 데 신경을 쓰다 보니 나그네 시름이 아울러 생겨버렸다. 게다가 저녁에 달빛 환한 창가에 섰노라면 더욱더 돌아가고픈 마음이 든다. 이에 몇 사람과 더불어 거리의 술집에 나가 회포를 풀어보려던 차에 요시와라(吉原)에 남녀가 노니는 곳이 있다는 말을 들었다. 발길을 돌려 히가시바시(東橋) 밖 몇 리 되는 곳에 이르러 남녀들이 오가는 것을 구경하니, 과연 어깨가 스치고 옷깃이 이어질 정도라고 할 만했다.

멀리 높은 누대와 큼직한 집들을 바라보니 몇 리나 이어졌는지 알 수가 없다. 층층 난간에 채색 등불이 상·중·하 세 줄로 걸려있고, 수놓은 문과 창의 반쯤 걷어 올린 주렴(珠簾) 속에 옥 같은 모습을 한 아가씨들이 네댓이나 예닐곱씩 모여 있었다. 모두들 머리에 금으로 만든 꽃을 꽂고 몸에는 푸른 비단을 걸쳤으며 손으로 둥근 부채를 흔들고 있다. 이따금 담소하며 찻잔을 주고받는데, 화려한 양탄자와 기름진 촛불이 안팎을 환히 밝히고 있어 마치 세속에서 말하는 요지연(瑤池宴)[26]의 그림 같았다. 또 열 걸음마다 시렁을 띄우고 대를 엮어 나무 모양으로 만들어 놓았는데, 가지마다 등을 걸어 환하게 복사꽃이 핀 듯하

---

25 "조정은 …… 것입니다." : 이 말은 누가 한 말인지 나와 있지 않으나, 김홍집의 『수신사일기(修信使日記)』에 수록된 「대청흠사필담(大淸欽使筆談)」을 보면 황준헌의 말임을 알 수 있다.

26 요지연(瑤池宴) : 요지(瑤池)는 선녀인 서왕모(西王母)가 살던 곤륜산(崑崙山)의 선경(仙境)을 가리킨다. 요지연은 목천자(穆天子)가 서왕모를 찾아갔을 때 요지 가에서 열었다는 연회(宴會)이다.

였다. 판자로 울타리를 만들어 사방을 지초(芝草)와 난초(蘭草) 병으로 둘러놓기도 하였다. 예쁘게 화장한 여인 한 쌍으로 하여금 가사(袈裟)를 입고 춤추거나 비파(琵琶) 곡에 맞춰 노래하게 하였는데, 들을 만한 것은 없었으나 풍류는 시원하였다. 조금씩 보면서 백여 집을 지나갔는데 끝이 보이지가 않았다.

어느새 계수나무 그림자가 서쪽으로 기울고 향긋한 먼지가 얼굴을 스치니, 정신이 피곤하고 눈이 아른거려서 바로 관소로 돌아왔다. 그 모습을 떠올려보니 마치 춘몽(春夢)에서 깨어난 듯하다.

16일

맑음. 대청(大淸) 공사(公使) 하여장(何如璋)[27]이 관소에 와서 치사하였다.

오시에 사상을 모시고 미야모토 고이치의 집에 도착하였다. 문밖으로 동산이 몇 정(町)이나 되는데 뽕나무, 산뽕나무, 풀명자나무, 배나무 등속이 많이 있다. 건물이 비록 크고 화려하지는 않으나 몹시 정결해서 자못 산림의 정취가 있다. 이야기를 나누었는데, 다과를 내와서 성의를 표하였다.

오는 길에 기계공조소(器械工造所)에 들렀다. 쇠를 불리고 나무를 다듬는 일을 오로지 기륜(汽輪)의 힘으로 하니, 천기(天機)를 누설하여 조

---

27 하여장(何如璋) : 1838~1891. 1877년 중국 초대 주일공사(駐日公使)로 임명되어 3년 간 일본에 주재하였다. 1879년 류큐처분(琉球處分) 때에 일본의 강행 조치에 강력 항의하였다. 청일 간의 협력과 흥아회(興亞會)와 같은 일본 측의 아시아주 운동에 대해 표면적으로는 환영하는 입장을 취했으나 내심 경계했다고 한다. 저서로 메이지유신 이후 일본 사정에 대한 견문을 기록한 저술인 『사동술략(使東述略)』이 있다.

물주의 공을 모은 것이라고 할 만하다.

이날 밤 교바시(京橋) 남쪽에서 화포 놀이를 벌였다. 작은 배 몇 척을 물에 띄우고 대포를 한 번 쏘니, 파편이 어지럽게 흩어지며 무수한 포성(砲聲)이 들려왔다. 또 수뢰포(水雷砲)라는 것이 있는데, 물속에서 땅을 뒤흔드는 소리를 내며 큰 불덩이를 쏟아내는 것이 마치 오채(五彩)의 교룡(蛟龍)이 만 곡(斛)의 금빛 물결을 뿜어내는 듯했다. 물가 정자를 돌아보니 위아래의 등불이 물에 비쳐 뛰어난 광경을 만들고 있다. 남녀가 지나다니며 내는 신발 소리가 폭죽 소리 같아서 이 역시 볼만하였다.

17일

맑음. 사상이 혼자 당상관과 함께 각처 대신(大臣)들에게 문안하고 돌아왔다. 오후에 십 리쯤 떨어져 있는 도서관(圖書觀)[28]에 갔는데, 곧 성묘[聖廟: 공자묘(孔子廟)]이다. 밖에서 들어가니 문이 셋 있는데, 첫 번째는 서적관(書籍館), 두 번째는 입덕문(入德門), 세 번째는 행단(杏壇)이다. 정전에 대성전(大成殿)이라고 쓴 편액을 걸었다. 부자(夫子)의 소상(塑像)을 가운데 자리에 봉안하였고, 안자(顔子)·증자(曾子)·자사(子思)·맹자(孟子)의 소상을 좌우(左右)의 동상(東廂)과 서상(西廂)에 늘어놓았으며 염락육군자(濂洛六君子)[29]의 영정(影幀)을 걸어 놓았다. 옛 신

---

28 도서관(圖書觀) : 현재 도쿄도(東京都) 분쿄구(文京區)에 있었던 도쿄도서관(東京圖書館)을 가리킨다. 메이지 정부는 도쿠가와 막부의 가이세조(開成所), 쇼헤이자카학문소(昌平坂學問所), 의학관(醫學館) 등의 시설을 병합하고 막부의 서적들을 태정관(太政館) 등으로 옮겨 보관하였다. 1872년 문부성은 서적관(書籍館)을 창립하여 각 관청에 보관되어 있던 서적을 일반에 공개하였다. 개설 당시 약 13만 책을 소장하고 있었으며 이후 도쿄서적관, 도쿄부서적관, 도쿄도서관으로 개칭되었다.

사(信使) 김세렴(金世濂)[30]의 지문(識文)이 있는데 먹 자국이 마치 새 것 같았다.

각 방을 돌아보았다. 책장을 늘어놓고 천만 권의 책을 쌓아두었는데, 유리로 덮어 놓아 열어볼 틈은 없고 감탄만 할 뿐이다. 메이지(明治) 이후에 서양 책을 조금 두었는데 그 수가 꽤 많다. 생도들이 모두 오랑캐로 변하여 유풍(儒風)은 거의 스러졌다고 한다.

18일

맑음. 인시(寅時: 새벽 3~5시)에 지진이 일어나 온갖 생각에 방황하다가 앉아서 아침을 기다렸다. 하여장이 부사(副使) 장사계(張斯桂)와 함께 와서 안부를 물었는데, 들을 만한 필담이 많았다.

참의(參議) 야마다 아키요시(山田顯義) 또한 와서 문안했는데, 혼간지에서 따로 성찬(盛饌)을 갖추어놓고 먹기를 권하니 그 성의가 고맙다.

19일

맑음. 별군관(別軍官)이 거느리는 두 사람이 술에 취해 싸움을 벌였기에, 각각 곤장 일곱 대씩 쳐서 벌을 주었다. 구경하던 일본인들이 모두 두려워하며 얼굴색이 바뀌었다.

오시에 태정대신이 사례하러 왔다. 마차를 타고 왔는데, 기사(騎士) 여덟 명이 칼을 들고 앞에 늘어서 있을 뿐이다. 원로원 의장, 육군경,

---

29 염락육군자(濂洛六君子) : 북송(北宋)의 거유(巨儒)인 주돈이(周敦頤), 정호(程顥), 정이(程頤), 소옹(邵雍), 장재(張載), 사마광(司馬光)을 가리킨다.
30 김세렴(金世濂) : 1593~1646. 1636년 통신사(通信使) 부사(副使)로 일본에 다녀왔다. 사행 중 기록으로 『해사록(海槎錄)』과 『사상록(槎上錄)』을 남겼다.

공부경 및 참의 구로다 기요타카와 원로원 대서기 모리야마 시게루(森山茂), 오쿠마 시게노부(大隈重信)가 함께 와서 문안하였는데, 몇 명의 기졸(騎卒)이 앞에서 이끌었다.

남쪽으로 5리 떨어진 곳에 간코바(勸工場)[31]가 있다. 온갖 재물이 다 모여드는 곳으로, 한 달에 여섯 번 문을 열기로 정해놓고 매매를 장려한다. 물건의 가격이 일정하므로 멀리서 온 사람들이 많이들 상품을 갖다 놓는데, 기한을 두지 않고 사가기를 기다려 값을 받는다고 한다.

20일

맑음. 대장경, 내무경, 좌대신 및 하나부사가 문안하러 왔다. 종일 글씨를 쓰다가 마음이 착잡하여 절구 한 수를 지었다.

옛 절에 가을 들어 날씨 맑은데	古寺新秋天氣淸
종일토록 초서(抄書)하니 괴로운 마음 드네.	抄書終日苦爲情
어찌하여 이날은 갑절이나 서글픈가.	如何此日倍悽愴
쓸쓸한 정원에 매미만 절로 우네.	庭院寥寥蟬自鳴

또 한 수를 지었다.

---

31 간코바(勸工場) : 도쿄부칸코바(東京府勸工場). 1878년에 개설되어 1923년까지 있었던 종합상점으로, 간쇼바(勸商場)라고도 한다. 메이지유신 직후 일본정부의 식산흥업(殖産興業) 정책에 따라 1878년 도쿄부(東京府)에 의해 고지마치(麴町) 부근에 설립되었다. 1877년 도쿄 우에노공원(上野公園)에서 개최된 제1회 내국권업박람회(內國勸業博覽會)에 전시된 물품들도 이곳에 진열되었다.

만 리 푸른 물결에 저들 배를 타고 오니	萬里滄浪駕彼船
인정과 지세 모두 아득히 낯설구나.	人情地勢兩茫然
이 몸 나도 모르게 시름겨워	此身不識緣愁惱
책상머리의 끝내지 못한 글에서 손 놓아버렸네.	謾謝床頭未了篇

참의 이토 히로부미(伊藤博文)가 사례하러 왔다. 이날 밤에 비바람이 조금 거세졌다.

21일

맑음. 사상을 모시고 청국 공관(公館)에 갔다. 공사 하여장이 나와서 맞아주었다. 문답을 조금 나누고 나서 공관을 둘러보니 모두 일본식으로 지어놓고 누각 처마에 다만 '대청흠차대신공서청(大淸欽差大臣公署廳)'이라고 적힌 편액을 걸어 두었다. 위에는 황제의 초상[皇儀]을 두었으며, 긴 탁자를 놓았는데 붉은 비단보로 덮여있고 가장자리에는 술이 드리워져 있다. 좌우에 숙정패(肅靜牌)[32] 둘, 붉은 양산 하나, 정(正)·종(從) 삼위(三位)의 패(牌)가 각각 하나씩 있고 중앙의 들보에는 수정등(水精燈)을 걸었다. 이것은 모두 중화(中華)의 법도이다. 협실에서는 대여섯 명의 동자(童子)들이 『논어(論語)』와 『맹자(孟子)』를 읽는데, 글 읽는 소리가 촉급(促急)해서 알아들을 수가 없었다. 생김새와 옷차림은 어른과 다름이 없었다. 내가 듣기에 중화는 천하가 본받는다고 하는데, 오늘 본 것으로 말하자면 오히려 안타까운 점이 많다. 대명(大明)의 제

---

32 숙정패(肅靜牌) : 검정색 바탕에 흰 글씨로 '肅靜'이라고 쓴 패이다. 왕후(王侯)와 관원의 행차 시, 혹은 군령(軍令)을 실시할 때 떠드는 것을 금하기 위해 사용하였다.

도를 바꾸었기 때문에 그렇게 된 것인가.

22일

맑음. 문부경, 해군경(海軍卿) 및 우대신(右大臣)이 사례하러 왔다. 도쿄지사(東京知事) 마쓰다 미치유키(松田道之)가 4등 속관 아카지 쓰네카즈(赤治常一)를 보내고, 궁내경 도쿠다이지 사네쓰네(德大寺實則)가 정(正) 6위(位) 미야지마 이치로(宮島一郎)를 보내 명첩을 올리고 문안하였다.

미시(未時: 오후 1~3시)에 사상을 모시고 옛 쓰시마 도주의 집에 갔다. 정원이 황량해 근심어린 모습이었다. 반갑게 안부를 나누고 문답을 약간 주고받았다. 경도(京都)³³에 볼모로 와 있는 도주들은 벼슬을 할 수 없고 다만 급료만 받는다고 한다.

참의 데라시마 무네노리(寺島宗則)가 명첩을 두고 갔다.

23일

흐림. 궁내경이 사례하러 왔다. 저녁에 시장에 나와 물건들을 살펴보니 금은(金銀)과 옥백(玉帛)이 많지 않다고 할 수는 없었지만 어린아이들의 장난감이 절반은 되었다. 남녀를 가릴 것 없이 대여섯 살 된 아이들이 붓을 들고 물건 값이 얼마인지 알려주었는데, 어려서부터 영민한 것이 놀랄 만하다. 도쿄(東京) 제일은행국(第一銀行局)의 상인(商

---

33 경도(京都) : 여기서 '京都'는 교토가 아니라 도쿄를 지칭한다. 한 나라의 수도라는 의미의 일반명사로 사용된 것이다. 교토의 경우 『동도일사』에서는 모두 '서경(西京)'으로 표기하고 있다.

八) 시부사와 에이이치(澁澤榮一)와 오쿠라구미상회(大倉組商會)의 상인 기이치로(喜一郎)가 각각 복숭아, 배, 포도, 참외 한 상자를 보내 성의를 보였다.

24일

아침에 비 오고 낮에는 맑음. 협동사(協同社)[34] 사람들이 벼루를 들고 와 휘호를 청하기에 억지로 몇 폭 써주었다. 좁은 문을 나와 불당에 올라가 한 바퀴 돌아보았다. 동우(棟宇)에 단청을 하지는 않았지만 매우 장려(壯麗)하였다. 금으로 주조한 불상이 족히 한 아름은 되었고, 그 앞에 늘어놓은 비단꽃과 둥근 등(燈) 같은 것들도 교묘하지 않은 것이 없었다. 누각 앞 한 면에 구리그물을 쳐서 새들이 날아가지 못하게 해 두었다. 정원에는 향나무를 심고 돌로 만든 평상을 가져다 놓았으니, 쉬어가는 곳이 될 만하다.

승려들은 모두 처자(妻子)를 두며 직품(職品)도 벼슬하는 사람들과 다름이 없다. 또, 사찰에 속한 땅은 그 둘레가 수십 리는 되는데, 마을 사이에 있어서 모두 산속의 청정(淸淨)한 구역이 아니다. 다만 이따금 염불하는 소리와 종 치는 소리가 꼭 우리나라의 사찰 같아서 도리어 나그네 시름을 더하였다.

이날 밤에는 문득 가을 기운이 돌았다. 홑이불만 덮고 있으니 조금 추워서 잠을 이루지 못했다. 그래서 일어나 앉아 시를 읊었다.

---

34 협동사(協同社) : 메이지시대의 무역회사인 오사카협동상회(大阪協同商會)를 가리킨다. 1877년 설립되었고 사장은 다카스 겐조(高須謙三)였다.

오랑캐 땅에 나온 지 몇 달이 넘었으니	一出蠻鄕數月餘
이제 막 서른여섯이 되었구나.	此爲三十六年初
바다 기운이 온 몸 적시는 것 걱정했는데	正愁海氣全身濕
다시 가을 추위 만나서 한밤에 한숨짓네.	又見秋涼半夜嘘
장사(張使)의 과일[35] 조금 맛보니 특이한 맛이고	異味少嘗張使果
육후(陸侯)라고 쓰면서 헛되이 자부하니[36] 기이한 이야기로세.	
	奇談虛負陸侯書
바라건대 천도(天道)가 비바람 고루 내려주어	願言天道均風雨
굴속 개미와 둥지의 새들도 편안히 살게 되길.	穴蟻巢禽各穩居

25일

맑음. 이날은 대전(大殿: 임금)의 탄신일이어서 관소의 대청에서 진하례(陳賀禮)를 행하였다.

외무성에서 편지를 보냈기에 진시(辰時: 오전 7~9시)에 사상이 당상관과 함께 아카사카(赤坂)의 황거(皇居)에 갔다. 궁의 담에는 모두 철책을 세웠고 문밖에는 근위병(近衛兵) 십여 명이 모두 칼을 들고 늘어서 있었다. 세 겹의 문을 지나 차에서 내려, 성(省) 관원의 인도로 앞 청사

---

35 장사(張使)의 과일 : '장사(張使)'는 한나라의 장건(張騫)을 가리킨다. 장건이 서역으로 사신 갔을 때 대완(大宛)에서 포도 종자를, 안식국(安息國)에서 석류(石榴)를 들여왔다고 한다.

36 육후(陸侯)라고 …… 자부하니 : 육후(陸侯)는 박릉후(博陵侯), 곧 한나라의 곽광(霍光)이다. 일본의 쇼군(將軍)은 '관백(關白)'으로 칭해졌는데 이 호칭은 『한서(漢書)』「곽광전(霍光傳)」에서 "여러 일들에 대해 먼저 광(光)에게 보고한 뒤에 천자에게 아뢰었다.[諸事皆先關白光, 然後奏御天子.]고 한 데서 유래한 것이다. 이에 따라 관백을 박릉후라고도 하였다.

로 들어갔다. 처음에 검은 옷을 입고 일황(日皇)을 들어가 뵈니 일황이 용상에서 내려와 관(冠)을 벗는 것으로 예를 표했다. 다음으로 시복(時服)[37]을 입고 들어가 뵙고 곡배(曲拜)[38]를 하였으며, 별도로 문답은 없었다고 한다. 궁문에서 밖으로 나와 멀고 가까운 각 성(省)을 보니 모두 성곽은 있고 성가퀴[堞]는 없었으며, 밖에는 도랑을 깊이 파서 바닷물과 통하게 해두었다. 너비가 일궁(一弓)[39] 정도 되는데, 연꽃이 가득 피어있고 배가 다니며 둑길의 향긋한 풀들이 빗어놓은 머리카락 마냥 늘어져 있었다. 물가에 돌을 쌓고 나무를 가로대어 무너질 것을 방비해두었다.

이어서 해군성(海軍省)에 갔다. 관청 부지가 십여 리 정도 되었다. 문 밖에는 역시 호위하는 병졸 수십 명이 각기 포(砲)와 칼을 들고 순서대로 서 있는데, 엄숙한 모습이 있었다. 해군 소좌 구로오카 다테와키(黑岡帶刀), 소장(少將) 하야시 기요야스(林淸康), 육군 공병(工兵) 소위(少衛) 호리모토 레이이치스케(堀本禮一助)가 함께 안내하여 이층 누각에 올랐는데, 광대하고 툭 트인 모양이며 옥구슬과 양탄자 같은 것들을 이루 다 기록할 수가 없을 정도였다.

차와 식사를 대접받은 뒤에 수십 칸의 방을 둘러보았다. 방 안에 화륜을 만드는 도구가 있는데 전체를 나누어서 각각 한 단계씩 배열해

---

37 시복(時服) : 조선시대 관원들이 입시(入侍)할 때나 공무를 볼 때 입던 담홍색의 예복.
38 곡배(曲拜) : 임금은 남쪽을 향해 앉으므로 신하가 임금과 마주보지 않고 동쪽이나 서쪽 방향으로 몸을 돌려 절을 하는 것을 이른다.
39 일궁(一弓) : '궁(弓)'은 논밭을 측량할 때 사용했던 단위로, 일궁(一弓)의 거리는 시대에 따라 달라서 6척(尺)이 되기도 했고 8척이 되기도 했다. 당(唐) 이래 사용된 영조척(營造尺)에서는 5척을 1궁(1.6미터)으로 하였다.

놓았으니, 사람들이 쉽게 이해할 수 있게 하려는 것이다. 여기서 몇 층 사다리를 내려가 밖으로 나왔다. 작은 집과 기다란 행랑을 따라 3, 40 보를 가니 누각 하나가 있는데, 여기에 다시 대·중·소 크기의 화륜을 가져다 놓았다. 이것은 전(前) 외무경 데라시마 무네노리(寺島宗則)[40]가 20년 전에 외국을 유람했을 때 화륜도(火輪圖)를 한 번 보고서 그것을 본떠 만든 것으로, 이를 기려서 전하는 것이라고 한다. 정말 그렇다면 세상에 드문 재주라고 할 만하다.

또 동쪽 건물로 넘어가니 쌓아놓은 윤구(輪具)가 한량이 없었으며, 위층에는 철 투구, 철갑옷, 총, 칼 등의 병기를 늘어놓았는데 몇 칸이나 되는지 알 수 없었다. 가장 아래층에서는 7, 8명, 혹은 십여 명의 병졸들이 각각 대포를 운반하고 있는데 우리가 벽돌을 옮기는 것처럼 쉽게 하였다. 이곳은 일과(日課)로서 훈련을 하는 곳이다. 또 발길을 돌려 한 곳에 가보니 화훼와 수풀이 극히 번화하다. 가운데 수십 평이나 되는 커다란 누각을 만들어 대완구(大完口)[41]를 쌓아 놓았는데, 큰 것은 서너 아름이고 작은 것은 한두 아름이며 길이가 네다섯 길은 된다. 모두 거울 같이 닦아놓아 사람의 모습이 환하게 비친다. 또 한 누각에는

---

40 데라시마 무네노리(寺島宗則) : 1832~1893. 메이지시대의 외교관. 1861년 제1회 막부 유럽사절단에 통역 겸 의사로 참가했으며, 1865년에는 사쓰마번(薩摩藩) 영국사절단으로 파견되었다. 메이지유신 이후 외무대보(外務大輔) 등을 역임하였으며, 전신 및 조폐사업에 힘썼다. 1873년 참의 겸 외무경이 되어 관세문제 등 조약개정 교섭에 나섰다. 1879년 외무경을 사직하였고, 이후 문부경(文部卿), 법제국(法制局) 장관(長官), 원로원(元老院) 의장, 주미공사(駐美公使), 추밀원(樞密院) 부의장 등을 역임하였다.

41 대완구(大完口) : 대완구(大碗口)를 가리킨다. 조선시대에 공성(攻城)의 용도로 제작된 청동제 화포이다. 포신부(砲身部)가 약실부(藥室部)에 비해 커서 완구(사발)와 같은 모양을 하고 있어서 붙은 이름이다. 별대완구(別大碗口), 대완구, 중완구, 소완구 등이 있었는데 그중 대완구가 가장 많이 사용되었다.

연환(鉛丸)이 쌓여 있는데, 각각 작은 구멍이 있고 구멍 속에는 무수히 많은 작은 탄환이 감춰져 있어 한 발을 쏘면 천백 발의 포탄이 된다.

그 서쪽에는 바닷물을 끌어와 못을 만들었는데, 작은 기선(汽船) 한 척이 떠 있고 해군 수십 명이 나란히 서 있다. 역시 때때로 훈련하는 곳이다. 그곳에서 또 방향을 돌려 일궁(一弓)을 가니 해안이 나온다. 집 하나를 지어 놓고 모양을 선창(船艙)처럼 꾸몄는데 칸마다 창문이 있고 창문에 대포를 걸어 놓았다. 대포는 쇠사슬로 묶여 있고 아래에 철판을 깔아 쉽게 움직이게 하여 혹 동서로 혹 남북으로 나왔다 들어갔다 하며 조금도 걸림이 없었다. 다시 한편을 돌아보니 기륜(汽輪)을 설치하여 한쪽에서는 탄환을 만들고 한쪽에서는 목기(木機)를 만들고 있다. 사람이 힘을 별로 들이지 않고도 물건이 모두 만들어진다. 눈으로 본 것이나 속으로 헤아려본 것들 가운데 해괴하여 예측하기 어려운 것들이 많았다.

26일

맑음. 사상을 모시고 외무성에 도착하니 외무경과 하나부사가 함께 있었다. 관세 징수와 미곡 유출 금지 등의 일에 대해 이야기했다. 약간의 담초가 있다.

27일

흐림. 사상이 당상관과 함께 엔료칸(遠遼舘)[42]에 가니 태정관(太政官)

---

42 엔료칸(遠遼舘) : 엔료칸(延遼館)을 가리킨다. 도쿄도(東京都) 주오구(中央區) 하마리 궁(浜離宮) 정원에 있는 별궁으로, 일본 최초의 서양식 석조건물이다. 1869년 하마리궁

과 각 성(省)의 관원이 모두 모여 있었다. 약간의 술상을 차려주었는데 이른바 궤연(饋宴)이라고 한다.

이날 밤에 가을바람이 차츰 싸늘해져 고향 생각이 갑절이나 더하기에 시 한 수를 읊었다.

비바람 쓸쓸하니 판잣집 서늘해라	風雨凄凄板屋涼
동쪽 바다 만 리 밖 나그네 시름 길어지네.	東洋萬里客愁長
집으로 돌아가는 꿈 꿀 방법이 없어	無因做得還家夢
한밤중 종소리에 상방을 나왔네.	夜半鍾聲出上房

28일

맑음. 장무관을 시켜 각 성(省)에 예물을 나누어 보냈다.【자세한 것은 아래 글[43]을 볼 것】동쪽으로 몇 리 정(町)을 나가면 커다란 절이 하나 있는데, 센소지(淺草寺)라고 하였다. 문 앞이 거리와 이어져 있는데 돌길이 거문고 줄처럼 곧다. 좌우로 가게들이 벌여 있는데 모두 눈을 어지럽게 할뿐 쓸데없는 물건들이다. 안쪽 문으로 들어가니 무당과 광대 무리가 줄 지어 있다. 곁에는 원숭이 우리와 뻐꾸기 조롱이 있는데 모두 길들여서 교묘한 재주를 부리게 한 것들이다. 차츰 뒤뜰 쪽으로 가니 술파는 가게가 나오는데, 탕자(蕩子)와 유녀(遊女)들이 온갖 장난을 치며 놀고 있다. 이밖에도 입으로 전할 수 없는 괴이한 꼴들이 많았다.

정원에 건립되어 영빈관(迎賓館)으로 사용되었다. 1889년에 해체되었다.
43 아래 글 : 본 자료의 뒷부분에 각처에 보낸 예단의 목록이 수록되어 있다. 본서 90~92면 참조.

29일

맑음. 진시에 대장성(大藏省)에 갔다. 성의 관원이 앞장서서 지폐(紙幣) 만드는 공정을 보여주었다. 따로 지본(紙本)이 있어 각각 모양대로 재단하여 윤전기(輪轉機)에 넣고 모형을 찍어낸다. 잠깐 사이에 천만 원 돈이 만들어지니, 하루 동안 만들어지는 액수가 얼마나 되겠는가? 그러나 물가 오르는 것이 다달이 다르고 해마다 같지 않다고 할 만하니, 인정(人情)과 물리(物理)에는 대개 쉽게 엿볼 수 없는 것이 있다.

30일

맑음. 외무성 관원이 편지로 요청하여 육군성(陸軍省)에 갔다. 각 성의 관원들이 다 모이자 다 같이 안부를 나누고 찻상을 받았다. 얼마 뒤에 중위(中尉)와 소좌가 육군을 지휘하여 훈련하는 법을 시연하였다. 병대(兵隊)는 삼천 명인데 모두 흰 옷을 입고 포(砲)를 메었으며, 좌작진퇴(坐作進退)와 용약격자(踊躍擊刺)에 정예롭지 않은 것이 없었다.

8월

1일

흐리고 비 옴. 이른 아침에 망궐례를 행하였다. 소 시게마사가 안부를 물으러 왔다. 이야기를 조금 나누고는 작별하고 떠났다. 관소에서 지내기가 편치 않아 끝내 절구 한 수를 지어 감회를 읊었다.

동쪽으로 뻗은 지세 대양으로 들어가는데	東來地勢大洋間
높은 산 허물어 넓게 도로 깔았네.	磅破高山道路寬

산이 평지 됐단 것 행인은 알지 못해 行者不知山作地
이 땅엔 본래 산이 없다고 헛말을 하네. 浪言此地本無山

2일

흐림. 사상을 모시고 우대신 이와쿠라(岩倉)의 집에 갔다. 돌아갈 날
짜를 알리고 몇 가지 사항을 갖추어 말했다. 진귀한 음식을 대접받고
날이 다하도록 즐겁게 보냈다. 속관을 따라 정원을 둘러보았다. 대나
무로 구불구불하게 에워싸고 가운데에 가봉(假峯)을 만들었는데, 아름
다운 꽃과 기이한 풀이 비단 자리를 깔아놓은 듯하였다. 대나무 사이로
끌어온 한 줄기 물이 네모진 못으로 흘러들어가며 콸콸 소리가 울리고,
물가에는 연꽃이 가득 피어 맑은 향기가 몸에 젖어든다.

위에는 날아갈 듯한 원각(院閣)이 있는데, 둥근 등이 처마를 빙 둘러
걸려있고 깔아놓은 자리도 매우 깨끗했다. 청의동자(靑衣童子) 둘이 한
쪽에 술자리를 마련해 주었는데, 맑고 깨끗해 신선이 사는 곳 같았다.
종자(從者)가 여러 차례 시를 지어 달라기에 내가 어쩔 수 없이 응해
주었다.

상공(相公)의 정원 동경(東京)에서 으뜸이니 東京第一相公園
옥같이 고운 나무들 하나하나 성대하네. 玉樹瓊林一一繁
창생을 다스려 구제한 뒤에 可是蒼生經濟後
한가로이 이곳에 누워 기쁘게 술통 열 만하구나. 此中閒臥喜開樽

이날 신시 후에 짐을 챙겨서 뱃사람들에게 먼저 맡겼다.

3일

맑음. 사상을 모시고 외무성에 가서 각 관원들과 만나 이야기를 나누고, 이어서 석별의 정을 표했다. 서계의 답을 받아오고, 각 성(省)에서 보내준 예물에 답례하였다.

4일

맑음. 이른 아침에 외무경이 작별하러 왔다. 담초가 있다.

사시에 관소를 떠나 신바시(新橋)에 도착하니, 여러 성(省)의 관원들이 많이들 전별하러 와 있었다. 이어서 화륜차를 타고 로쿠고가와(六鄕川)에 도착해 한 번 쉬고, 쓰루미(鶴見·津留美)와 가미차(神茶)에서도 각각 한 번 쉬었다. 모두 승객이 내리기도 했고 타기도 했기 때문이다.

요코하마(橫濱) 출장소(出張所)에 도착하여 점심을 대접받았다. 하나부사 요시모토와 모리야마 시게루가 동승하여 전별하러 와서 여러 가지로 정성을 표하였다.

신시에 다카사고마루(高砂丸)를 탔는데, 배 모양의 장려함이 전에 탔던 비각선의 열 배였다. 선실이 위아래로 나뉘어 있고, 짐의 길이와 너비를 계산하여 요금을 매겼다. 이때 네 나라 사람이 함께 탔는데, 매번 양인(洋人)을 만날 때마다 한기(寒氣)가 느껴지고 모골이 송연하여 가까이할 수가 없었다. 유시(酉時: 오후 5~7시) 반에 돛을 펼쳤다.

5일

맑음. 바람이 불고 물결이 순조로워 배가 나는 듯이 달렸다. 배 밖으로 보이는 강산의 경치가 말할 수 없이 황홀했다. 도토미주(遠江州) 경내에 다다르니 남쪽으로 산 하나가 보이는데, 구름과 연기가 아득하게 덮여 있다. 이는 화산(火山)이라고 한다. 스루가(駿河)의 북쪽을 지나자 봉우리들이 바다 위에 늘어서 있고 인가가 종종 모여 있었다.

밤이 되자 등불이 수십 리나 이어지는데, 이곳이 기이오시마(紀伊大島)라고 한다. 때마침 남풍이 문득 불어왔다. 정신이 어질어질하여 엎드려 선잠을 잤다.

6일

맑음. 묘시에 고베에 도착하여 뭍에 내렸다. 옛 관소에 도착하니 여관의 남녀가 모두 기쁘게 맞아주고 얼음 단지와 포도 상자를 올려 정성을 표했다.

7일

정오에 번개 치고 비가 옴. 서기관을 효고현에 보내어 문안하고, 다시 당상관을 오사카에 보내어 작별의 뜻을 전했다.

8일

맑음. 유시에 출발하여 지토세마루에 다다랐다. 뱃사람들이 모두 낯익은 이들이라 반가웠다. 해시(亥時: 저녁 9~11시) 정각에 닻을 올렸는데, 밤이 고요하고 물결이 잔잔하니 그 기쁨을 이루 말할 수가 없다. 일본인 우라타 게이(浦田敬)라는 자와 배를 같이 타고 베개를 나란히 하여 잤는데, 그와 나눈 필담 중 재미있는 것이 많았다. 나에게 시 한 수를 보여주었다.

하나의 지구에 원래 안팎이 없으니   一地球元無內外
사해가 모두 형제임을 알 수 있다네.   可知四海皆同生
부상의 구름이 계림의 비와 맞닿아 있으니   扶桑雲接鷄林雨
두 나라는 예부터 입술과 이 같은 사이라네.   兩國從來脣齒情

내가 바로 화운하였다.

짐 보따리 썰렁하고 또 적적한데   行李蕭蕭復寂寂
이 밤에 그대 만나니 감회가 새롭구려.   逢君此夜感懷生
같은 배 타고 만 리 길을 왔을 뿐 아니라   不啻同舟行萬里
옥 같은 시 한 폭이 가장 다정하구려.   瓊琚一幅最多情

그가 기뻐하며 부산의 관소에서 꼭 만나자고 하였다.

9일

맑음. 이날 하늘이 밝고 날씨가 청명한데다 평온한 물결이 비단결
같았다. 멀리 바라보니 미하라(三原)의 봉우리들이 푸릇푸릇하게 우
뚝 솟아 수삼십 리를 이어져 있고, 산골찌기에 기댄 인가들 사이로
푸른 연기가 땅에 가득하다. 연이은 이랑과 구름 같은 밭에는 메밀과
기장 등속이 푸른빛 누런빛으로 밭둑을 가득 채우고 있다. 거기에 수
많은 고깃배들이 나카스(中洲)로 거슬러 올라가는 모습까지 어느 것
도 그림 속 풍경이 아닌 것이 없었다. 머리를 돌려 바라보며 낭랑히
읊었다.

삼원(三原)의 산색은 저녁 빛 받아 푸르고	三原山色暮蒼蒼
흰 돛 매단 고깃배들이 대양에 가득하네.	白布漁船滿大洋
장기(瘴氣) 사라진 물결이 거울과도 같은데	瘴氣收來波似鏡
어느 때 밝은 달이 한가운데 뜨려나.	幾時明月在中央

10일

맑음. 묘시 정각에 아카마가세키 앞 항구에 도착해 잠시 쉬었다. 협동사 사람이 주찬을 가져와서 위문하고, 아울러 이별의 마음을 전하였다. 우연히 절구 한 수를 지었다.

채색구름 사이로 아침 해 환히 솟아나	曈曈朝日彩雲間
적관(赤關)에 온 우리 일행 반기는구나.	差喜吾行到赤關
오랜 벗에게 글 보내니 서글퍼 마오.	寄語故人莫惆悵
큰 바다 한번 건너면 고향산천이라오.	洪流一渡卽鄕山

오시에 화륜선이 출발하였는데, 풍랑이 꽤 크게 일었다. 다만 부수(副手)에게 맡겨 힘쓰게 하였다.

11일

비바람이 심하게 몰아침. 운무가 자욱하여 화륜선도 의지할 것 없이 외양(外洋)에서 떠돌기만 하였다. 뱃사람이 말했다.

"이곳은 기장(機張)과 울산(蔚山)의 경계이니, 수백 리를 돌아서 온 것입니다."

미시에 흑암(黑巖) 내양(內洋)에 배를 대고, 각기 작은 배를 타고 곧 바로 부산에 도착하여 본부(本府)에 전통(傳通)하였다.

12일

맑음. 아침을 먹은 뒤에 부(府)에 도착했다.

15일

맑음. 피곤에 지쳐서 겨우 사배현(沙背峴)에 도착하여 사상께 작별을 아뢰었다.

담초(談草)

◎ 7월 6일, 외무소보 요시카와 아키마사, 변리공사 하나부사 요시모토, 권대서기 사쿠라다 지카요시가 관소에 왔을 때 나눈 문답

소보 : 귀국의 사신은 이번 행차에 며칠 동안 머물 것인지요?

우리[44] : 보름 정도면 일을 마치고 돌아갈 수 있겠습니다.

소보 : 병료(兵寮)와 기국(機局)에 볼 것이 꽤 많은데, 여행 기한이 이처럼 촉박하다니요.

우리 : 종전의 신행(信行)도 이보다 더 길지는 않았습니다. 게다가 저는 병학(兵學)과 기계(器械)에는 어두워서 본디 아는 바가 없으니, 비록 보더라도 또한 무익할 것입니다.

소보 : 태평양 뱃길이 몹시 험하고, 또 서경과 오사카의 성(省)에도 볼 만한 것이 많습니다. 돌아갈 때에 육로(陸路)로 가면 7일밖에 걸리지 않으니 이렇게 해보시기를 바랍니다.

우리 : 알려주신 것은 고맙지만 올 때에 수로(水路)로 돌아오라는 명령을 받았으니 육로로 갈 수가 없답니다.

---

44 우리 : 원문은 '我曰'이다. 일본 측을 '彼'로, 조선 측을 '我'로 나타낸 것이다. 여기서 '我曰'로 시작하는 것은 모두 수신사 정사 김홍집의 말인데, 저자인 박상식의 입장에서 '우리 측' 발언으로 보고 '我'로 표시한 것이다. 이에 따라 이하 '我曰'은 모두 '우리'로 번역하였다.

하나부사 : 홍(洪) 강수관(講修官)[45]과 조(趙) 대장(大將)은 모두 평안하신
    지요?

우리 : 모두 잘 지내고 있습니다.

하나부사 : 예조판서는 윤공(尹公)[46]입니까?

우리 : 윤공은 연전(年前)에 부관(副官)이었지요.

하나부사 : 공무(公務)는 미야모토 고이치 전담이지만, 저 또한 할 말이
    있을 것입니다.

소보 : 혼간지는 옛날에 신행이 묵었던 곳인데, 날이 더워서 비좁지는
    않았습니까?

우리 : 신행이 일찍이 이 절에 묵었다는 말은 이미 들었습니다. 건물이
    훤하게 넓어 다행이었습니다.

소보 : 만약 불편한 점이 있으시면 바로 알려주십시오. 힘닿는 대로 도
    와드리겠습니다.

우리 : 아직 어려운 일은 없었지만 혹시라도 말할 것이 있으면 말씀하신
    대로 하겠습니다.

---

45 홍(洪) 강수관(講修官) : 홍우창(洪祐昌). 1819~? 본관은 풍산(豊山), 자는 유성(幼
盛), 호는 소운(小芸). 1875년 8월부터 1877년 5월까지 동래부사를 지냈다. 1876년 강화도
조약이 체결되자 이 해 12월 부산 주재 일본 관리관(管理官) 곤도 마스키(近藤眞鋤)와
부산항일인거류지조계조약(釜山港日人居留地租界條約)을 체결하였다. 하나부사 요시모
토(花房義質)가 1877년 10월 일본 외무대승으로 내방했을 때, 그리고 1879년 4월 대리공
사로 내방했을 때 접반관(接伴官)이 홍우창이었으므로 그의 안부를 물은 것이다.

46 윤공(尹公) : 윤자승(尹滋承). 1815~? 본관은 파평(坡平), 자는 중무(仲茂). 1876년
도총부(都摠府) 부총관(副摠管)을 겸하고 있을 때 접견대신 신헌(申櫶)의 부관(副官)으로
서 구로다 기요타카(黑田淸隆), 이노우에 가오루(井上馨) 등과 강화부(江華府)에서 협상
을 벌여 강화도조약을 체결하는 데 일조하였다. 이후 경상도관찰사, 예조·형조판서, 홍
문관제학 등을 역임하였다.

하나부사가 사쿠라다를 돌아보고 말함: 여관과 관련된 여러 일은 이
　　사람이 주선한 것이 많습니다.

우리: 귀국의 대서기가 아까 신바시로 마중 나와 문안하고 이곳까지
　　데려다 주어서 마음이 몹시 편치 못했습니다.

우리 쪽에서 또 말함: 우리 사신이 바다를 건너느라 병이 나서 어쩔
　　수 없이 하루 이틀 조리해야 하므로 모레까지 기다렸다가 외무
　　성에 가서 서계를 전하고자 합니다. 공사께서 이 점 양해하시고
　　외무성에 전달해 주시기를 바랍니다.

하나부사: 말씀하신 대로 하겠습니다.

　　말을 마치고 함께 일어나 갔다.

◎ **7월 8일, 날이 밝자 역관 여럿을 데리고 외무성에 갔다. 외무경은**
외출해서 돌아오지 않았고, 대보 우에노 가게노리와 소보 요시카와 아
키마사, 공사 하나부사 요시모토, 권대서기 사쿠라다 지카요시가 나와
서 맞이하였다. 안부를 나눈 후 서계를 직접 전하였다.

대보: 귀국 사신이 이렇게 오셨으니 양국의 친목이 더욱 두터워지길
　　바랄 수 있겠군요.

우리: 우리 조정에서 실로 양국의 친목을 위하여 특별히 이렇게 사신을
　　보낸 것입니다.

대보: 본 성(省)의 경이 마침 외출하였는데, 해질녘에나 돌아올 것입니
　　다. 내일 다시 오셔서 경과 만나면 좋겠습니다.

우리: 말씀하신 대로 하겠습니다.

대보: 양국은 본디 형제의 나라였는데, 병자신행(丙子信行)이 6, 70년
　　뒤에 있었지만 그때는 오히려 생소했었지요.[47] 이번에는 병자신

행 때보다 더욱 우의를 돈독히 하여 소원함이 없게 합시다. 우리 나라는 마땅히 청나라 및 각국 사행의 예로써 대우할 것입니다. 서계는 이제야 다 보았습니다. 처리할 공무가 있을 테니 마땅히 편리한 방법을 찾아보겠습니다.

우리: 반드시 양국이 함께 이익을 보았으면 하니, 그렇게 된다면 매우 다행이겠습니다.

대보가 기뻐하며 말함: 매우 좋은 말씀입니다.

또 말함: 귀국 사신이 이렇게 오셨으니 우리 황상(皇上)께서 당연히 인견(引見)하실 것입니다. 각 부(部)의 장관(長官)들과도 으레 만나 보는 예(禮)가 있습니다.

우리: 귀국 황상께서 인견하겠다고 명하시면 감히 받들지 않겠습니까 만, 각국 사행(使行)의 예법에 대해서는 본국은 알지 못하니 마땅히 예전 신행에 의거하여 행해야 할 것입니다.

대보: 일본의 명승지 가운데 유람할 만한 곳이 많습니다. 관소에 머물면서 때때로 구경하시길 바랍니다. 마땅히 하나하나 알려드리겠습니다.

우리: 본국의 법도상 사행은 공무가 아니면 감히 한가히 유람할 수 없습니다.

대보: 귀국 법이 본래 그러합니까? 아니면 이번에 특별히 명을 받은 것입니까?

---

47 양국은 …… 생소했었지요 : 형제의 나라였다는 것은 조선에서 통신사를 파견하던 시기의 양국관계를 가리켜 말한 것이다. 병자신행은 1876년의 제1차 수신사를 지칭한다. 조선시대에 도쿠가와 막부에 보낸 마지막 통신사가 1811년 신미사행이었으므로 65년 만에 공식 사절을 파견한 것이었다.

우리: 국법이 본래부터 그러합니다. 이번 사행에 따로 명을 받은 것이
　　　아닙니다.

대보: 병자신사 또한 몇 군데를 유람하였으니, 이러한 예(例)를 어찌
　　　그만둘 수 있겠습니까?

우리: 그 이야기도 역시 들어서 알고 있습니다. 성의가 이와 같으니 한
　　　두 곳 정도는 말씀에 힘써 따르겠으나, 그 외에는 혹 수행원이
　　　대신 가게 하겠습니다.

대보: 우리들이 이미 가까운 벗이 되었으니, 공무로 접견하는 것 말고
　　　도 계속해서 어울린다면 무척 좋을 것입니다. 저희 집에도 한번
　　　찾아오시기 바랍니다.

우리: 아직 일이 끝나지 않아 한가롭게 나갈 수는 없겠군요. 좀 기다렸
　　　다가 떠나기 전에 한번 찾아가 이야기를 나누겠습니다.

하나부사: 이제부터 공무로 사신께서 하실 말씀이 있으면 외무성에 오
　　　셔서 처리하십시오. 우리나라의 일은 마땅히 귀국 사절의 관소
　　　를 찾아가 의논하겠습니다.

우리: 가르쳐 주셔서 감사합니다.

대보: 신문지를 보니 귀 사신께서 글씨를 잘 쓰신다더군요. 훌륭한 글
　　　씨를 써주신다면 감사하겠습니다.

우리: 본 사신은 글씨를 쓸 줄 모르고, 귀국에 들어와서도 붓을 잡은
　　　적이 없습니다. 혹시 수행원이 글씨를 쓴 것이 잘못 전해진 것이
　　　아닌지요?

대보: 아닙니다. 신문지에 전한 것은 부산에서 온 자에게 들은 것입니
　　　다. 사신께 문망(文望)이 있다고 들었습니다.

우리: 이는 혹 잘못 전해진 말인 것 같군요. 몹시 부끄럽습니다.

이어서 작별을 고하였다.

대보: 우리나라 법으로는 비록 공무로 접견했을지라도 반드시 그날 답
례를 합니다. 조금 있다가 찾아가서 인사드리겠습니다.

우리: 마땅히 돌아가서 기다리겠습니다.

◎ 7월 8일, 대보와 공사 두 사람이 관소에 왔기에 두 당상과 함께 나
가 맞이하고 안부 인사를 마쳤다.

대보: 귀국 사행의 기일이 매우 촉박하여 그 사이에 사무를 처리하기
어려울까 염려됩니다. 내일이라도 즉시 의논하여 정하는 것이
좋겠습니다.

우리: 모레 귀 성(省)의 경(卿)을 만날 것이니, 그 후에 말해도 늦지 않
을 것입니다.

대보: 서계 가운데 관세를 정하는 일에 관한 것을 이미 다 보았습니다.
제 말과 외무경의 말이 다를 것이 없습니다. 제 말 역시 저만의
의견이 아니라 정부의 뜻입니다. 그러니 저와 상의해도 무방합
니다.

우리: 대보와 경이 다름없다는 것은 잘 알고 있지만 이번 사행은 단지
귀국 공사께서 해마다 멀리 찾아왔기 때문에 특별히 보답하는
뜻으로 온 것이지 관세를 정하는 것 한 가지 일만을 위한 것이
아닙니다. 그러나 마땅히 상의해 보도록 하지요.

대보: 관세를 징수하는 일은 귀국 정부가 말하면 우리 정부가 어찌 감
히 받들지 않겠습니까? 오늘 말하면 내일 즉시 시행할 것입니다.
그런데 귀국 정부가 과연 세액(稅額)을 의정(擬定)하여 가져온 것
이 있습니까?

우리: 우리 정부가 세액을 의정하지 않으려는 것이 아닙니다. 그러나 본국은 지금까지 외국과 통상한 적이 없으므로 상무(商務)에 대해 자세히 알지 못합니다. 이번 사행에서는 다만 귀 정부의 허가만 받고, 제가 돌아가서 마땅히 정부에 아뢰겠습니다. 세액의 세부 절목은 지방관으로 하여금 영사관(領事官)과 함께 헤아려보고 정하게 하여도 괜찮을 것입니다.

대보: 이는 그렇지 않습니다. 이 일은 관계된 바가 매우 중요합니다. 양국 정부가 아니라면 협의할 수 없으니, 영사관이 어찌 그것을 감당하겠습니까?

우리: 영사관이 스스로 결정한다는 것이 아니라 단지 상민의 이해를 참작할 필요가 있다는 것입니다. 양국 정부가 이에 대해 모름지기 다시 협의해야 할 것입니다.

대보: 이는 진실로 당연합니다. 이번에 귀국 정부가 의논한 금액이 있었다면 우리 정부가 마땅히 각국의 통례(通例)에 준하여 세액 중에 무거운 것을 고르게[平] 하여 합당하게 되도록 힘썼을 것입니다. 그러나 이번 사행에서 바로잡지 못한다면 다시 이것으로 사절을 보내야 할 것입니다. 아니면 우리 공사가 갈 때에 결정해도 괜찮겠지요. 귀국 정부가 당초에 세액을 의정하지 않은 것이 몹시 안타깝군요.

하나부사: 작년에 제가 이 문제에 대해 이미 서한을 보내 갖추어 말하였는데, 이번 사행에서 세액을 바로잡지 못한다니 진실로 안타깝습니다.

우리: 작년에 공사께서 보낸 서한에 대해서는 저 또한 들어서 알고 있습니다. 지금 안타깝다고 하신 말씀이 참으로 서로 아끼는 도리

에서 나온 것이니 도리어 매우 감격스럽습니다. 그리고 본 사신
은 서생(書生)이라 상무에 어두우므로 비록 감히 도맡아서 처리
할 수는 없으나, 귀 성에서 알려주실 것이 있다면 돌아가서 이를
품의(稟議)하고 결정하여 다시 특사를 파견하는 일이 없게 하겠
습니다. 각국의 상무에 관해서는 평소 아는 바가 없으나, 다만
본국은 예부터 항상 중국을 따랐습니다. 근래에 귀국과 청국의
통상 규칙을 보았는데, 이 예를 그대로 따른다면 세액은 힘들이
지 않고 정할 수 있을 것입니다.

대보: 청국과 우리나라의 통상은 한 곳에서만 하는 것이 아니며, 물정(物
情)이 각기 다릅니다. 그 예(例)를 그대로 따라 쓸 수는 없습니다.

우리: 나라마다 풍토가 다르고 물가(物價)도 같지 않다는 것은 본래 알
고 있습니다. 물품 하나의 세액을 미세한 부분까지 반드시 똑같
이 하겠다는 것이 아닙니다. 백분(百分)에서 몇 분(分)을 뽑아내
는 방법 같은 것은 본떠서 시행할 수 있을 것입니다.

대보: 관세를 징수하려면 세액만 정해서 되는 것이 아니라 해관(海關:
세관(稅關))에 관해서도 규정이 있어야 합니다. 하나부사 공사가
자주 귀국에 가고 또 상무에 익숙하니, 사신이 반드시 직접 의논
하여 확정할 필요는 없고 수행원을 보내 사적으로 의논하기만
해도 좋을 듯합니다.

우리: 하나부사가 해마다 우리나라에 사신으로 와서 친분이 남다르고
또 사정을 잘 알고 있으니, 분명히 잘 지시하여 양측의 편의를
도모하겠지요. 수행원을 보내어 의논하겠습니다.

대보: 이 일은 공사와 사적으로 의논할 사항이니, 우리 정부와 본 성은
의견을 내지 않겠습니다.

우리: 지당한 말씀입니다. 공사와 사적으로 의논해도 초안을 만들 수 있을 것이니, 돌아가서 조정에 아뢰겠습니다. 귀 정부와 귀 성이 혐의를 두신 것은 실로 체모를 얻은 것입니다.

대보: 우리나라는 근래 부강해지는 기술을 모두 터득하였습니다. 원컨대 귀국 또한 부강에 힘쓰십시오. 그리하면 상무가 왕성해질 것이니 이것이 제가 깊이 바라는 바입니다. 요즘 세계의 형세가 일본의 힘만으로는 홀로 막아낼 수가 없는 상황입니다. 보거상의 (輔車相依)요 순망치한(脣亡齒寒)이니,[48] 다만 귀국과 더불어 동심 동력하여 군무(軍務)와 기계(器械)를 가는 곳마다 배워서 구라파 (歐羅巴)의 비웃음을 받는 데 이르지 않으려 하는 것입니다.

우리: 귀국의 성대한 뜻이 이와 같다는 것은 우리나라와 우리 정부가 일찌감치 알고 있었으니, 감사함을 그칠 수가 없습니다. 그러나 우리나라는 강토가 한 모퉁이 구석진 데에 있고 서쪽에는 청국, 동쪽에는 귀국이 있으며 그 밖의 다른 나라와는 애초에 경계가 닿아있지 않고 왕래도 없었습니다. 그러므로 조야(朝野)의 인심 이 다만 옛 법규만을 지키니, 지금의 사세(事勢)로는 쉽게 실행하지 못할 것이 있습니다.

◎ 7월 9일 외무대서기 미야모토 고이치가 관소에 왔을 때 나눈 대화

일본[49]: 사행의 일이 다 끝나려면 며칠 걸릴 것이니, 잠시 틈을 타 외출

---

48 보거상의(輔車相依)요 순망치한(脣亡齒寒)이니 : 원문은 '치순보거(齒脣輔車)'이다. 밀접한 관계를 갖고서 상호 의지하는 사이를 뜻한다.

49 일본 : 원문은 '彼曰'이다. '彼'는 조선의 입장에서 일본 측 상대방을 가리키는 말이다. 이하 '彼曰'은 모두 '일본'으로 번역하였다.

하여 피서(避暑)하시기 바랍니다. 저희 집이 성(城) 밖에 있는데 제법 전원의 정취가 있으니 한번 찾아와 주시면 좋겠습니다.

우리: 성대한 뜻에 감사드립니다. 그러나 일을 마치기 전에 한가롭게 출입할 수 없으니, 나라의 규칙이 그러합니다. 떠나기 전에 한번 찾아가 인사드리겠습니다.

일본: 외무경이 어제 집으로 돌아왔는데, 내일 만나 보시겠습니까?

우리: 내일 마땅히 방문하겠습니다.

일본: 내일은 일요일이라 관민(官民)이 모두 휴업하니, 급히 처리할 일이 아니면 자세히 살펴보고 날짜를 정하심이 적당할 듯합니다.

우리: 그러면 모레도 괜찮습니다. 알아보고 말씀해 주십시오.

일본: 요즘에는 국가의 사신이 도착한 나라에서 각 부(部)와 원(院)을 방문하고, 이어서 서울에 주재하고 있는 각국 공사와 왕래합니다. 비록 양국이 전쟁 중이라 하더라도 사신들은 거리낌 없이 어울리니, 이것이 곧 공법(公法)[50]입니다. 귀국은 아직 각국과 통교하지 않았으니 이러한 예를 따르려고 하지 않을 듯하지만 청국 공사와는 만나보심이 좋겠습니다. 만약 며칠 후 방문하셨을 때 청국 공사가 자리에 있다면, 안 된다고 하지는 말아주십시오.

우리: 사정을 자세히 말씀해 주시니 제 생각을 말해 보라고 해도 여기에서 더할 것이 없겠군요. 매우 감사합니다. 각국의 공사는 비록 만나볼 수 없다 해도 청국 공사와는 마땅히 서로 왕래할 계획이

---

50 공법(公法) : 국제법(國際法)을 의미한다. 서양의 국제법은 1864년 중국에서 번역, 출판된 『만국공법(萬國公法)』이라는 책을 통해 청나라에 알려졌으며, 1865년경 일본으로 전달되었다. 1877년 12월 하나부사 요시모토(花房義質)가 제1차 수신사 김기수(金綺秀)에게 이 책을 전달한 바 있다.

었습니다.

일본: 청국과 러시아 사이에 일이 있었는데, 혹 들어서 알고 계신지요?

우리: 귀국 경내에 들어와 신문지에서 보았는데, 자세히는 알지 못합니다.

일본: 우리나라는 귀국이 독립국임을 알고 있지만 구라파 사람들은 귀국을 청나라의 부용국(附庸國)이라 하며, 러시아가 먼저 청의 번방을 엿보려고 시험 삼아 귀국을 향하고 있다고 여긴다 합니다. 이는 매우 근심스러운 일입니다. 또 들으니 러시아인이 흑룡강(黑龍江)에 병선을 준비해 두었는데, 장차 동북해(東北海)로 향해갈 것이라고 합니다. 우리나라가 원산(元山)에 새 항구를 건설하고 있는데 이곳이 중요한 길목이라 더욱 걱정이 깊습니다.

우리: …… 막아서 보호하였고, 일찍이 외(外)…와 … 하지 않았습니다. ……[51] 우리나라는 청조(淸朝)와 정의(情義)로는 비록 일국과 같지만 강토가 각기 다르고 정교(政敎)도 자주적입니다. 구라파 사람들의 이야기는 크게 잘못되었습니다. 귀국이 반드시 이 문제에 대해 분변하여 주십시오. 외국 사정의 기미(機微)도 듣는 대로 먼저 알려주시기를 바랍니다.

일본: 신문지에서 전하는 것이 비록 믿을 수 없는 것이 많지만, 보시면 천하 사정의 기미를 모두 알 수 있습니다. 만약 부산에서 나가사키(長崎) 지방 소식을 알고자 한다면 《상해공보(上海公報)》로 계속 들을 수 있는데, 일 년에 드는 비용 또한 아주 저렴합니다.

---

51 이 부분은 저본 상태로 인해 글자 판독이 불가능하다. 해당 부분의 원문은 "□□□□□□□□□□□□□國爲之遮護, 未曾與外□□□□□□□□□□□□□."이다.

◎ 7월 10일, 공사 하나부사 요시모토가 관소에 왔을 때의 문답

일본: 러시아의 일은 올 때에 이미 들어서 알고 계시지요? 이리(伊犁) 사건 때문에 숭후(崇厚)가 처벌을 받았습니다.[52] 양국이 바야흐로 군대를 일으키려 했는데, 들으니 다시 사신을 파견했다고 합니다. 어떻게 결판이 날지는 모르겠으나 변경의 분쟁이 여기에서 시작될 것입니다.

우리: 숭후의 일은 북경 사행이 돌아오는 편에 들었습니다만, 그 뒤에 과연 사신을 보냈습니까?

[원문 결락]

(일본): (…) 외무성에 한번 가서 담판하는 것이 좋겠습니다. 세안(稅案) 에도 몇 말씀 드려야 할 곳이 있습니다.

우리: 많이 지도해주시면 좋겠습니다. 외무성에 한번 가서 직접 만나 상의하겠습니다. 귀국 각 항구의 규칙을 한번 보여주시면 좋겠 습니다. 근래 들으니 귀국에서 세칙(稅則)의 개정을 논의한다고 하더군요. 이 일이 마무리되면 본국 또한 이 예를 참조하여 협정 하기를 매우 기대하고 있습니다.[53]

---

52 이리(伊犁) …… 받았습니다 : 이리(伊犁)는 현재 중국 신장위구르자치구(新疆維吾爾 自治區)에 위치한 곳이다. 1875년 흠차대신으로 신장(新彊)의 군무를 책임지게 된 좌종당 (左宗棠)은 1877년 말 러시아가 점령한 이리를 제외한 신장 전역을 회복하였다. 좌종당은 1878년 신장의 건성(建省)과 이리 회복을 주청하였다. 1879년에는 러시아와의 교섭을 위 해 담판 대표 숭후(崇厚)가 파견되었다. 그러나 이리 반환을 조건으로 러시아에 영토를 할양하고 막대한 점령비를 지불하며 무역 특권을 보장하는 등의 조약 내용을 두고 중국 내에서 좌종당을 중심으로 비준 거부의 여론이 형성되었다. 이 때문에 숭후는 러시아와 타협했다는 맹비난을 받고 실직하게 된다. 이후 청조는 증기택(曾紀澤)을 보내 러시아와 재협상을 하였고, 1881년, 이전 조약에 비해 영토 할양의 범위가 대폭 축소되고 점령비 보상을 증액한 이리조약이 체결되었다.

일본: 십 년 동안 규약 개정에 대해 의논했는데 여태 끝을 보지 못했습니다. 큰 규약은 내년에나 정해질 것입니다. 이 예를 적용하겠다는 말씀은 진실로 이상할 것이 없습니다. 그러나 각국 사정이 똑같지가 않습니다. 대개 처음 통상을 할 때에는 항구를 열어 통하게 하는 것에 힘써야 하며, 몇 년이 지나고 나서야 이 예를 시행할 수 있게 됩니다.

우리: 일을 할 때에는 처음에 잘 헤아려야 합니다. 만약 귀국이 세액을 정하면서 이 예를 일찌감치 시행했더라면 십 년에 걸쳐 개정을 의논하는 곤란을 면했을 것입니다. 지난번에 드린 세고(稅稿)는 본래 조정의 명의(命意)가 아니라 본 사신이 단지 중동화약(中東和約)[54]의 법에 의거하여 100에서 5를 뽑아낸 것입니다. 만약 이것을 가지고 돌아가 보고한다면 우리 조정에서는 반드시 "타국은 100에서 30을 뽑는데 이것은 6분의 1이 되니 경중이 하늘과 땅만큼 차이가 난다."고 할 것입니다. 본 사신이 죄를 입을 것은 물론이거니와 수세(收稅)에 대한 일을 협정할 날도 없게 될 것이

---

53 근래⋯희망합니다 : 당시의 외무경 이노우에 가오루(井上馨)는 1879년 외무경 취임 후 8년 동안 외국과의 조약 개정 교섭을 적극 추진하였다. 개정의 내용은 관세율을 점진적으로 인상하고 일본 체재 외국인에게 일본 행정법규를 적용하려는 것으로서, 이를 통해 점차적으로 불평등 관계를 해소해 가는 것이 목적이었다. 김홍집은 중국 공사와의 필담을 통해 일본의 이러한 조약 개정 움직임을 파악하고 조선과 일본 간의 관세 협정에서 개정된 규약의 예를 참조하고자 했던 것이다. 이와 관련된 정황은 『수신사기록(修信使記錄)』에 수록된 「대청흠사필담(大淸欽使筆談)」에서 확인할 수 있다.

54 중동화약(中東和約) : 1871년 톈진(天津)에서 중국과 일본 사이에 체결된 대등 조약인 청일수호조규(淸日修好條規)를 가리킨다. 흠차전권대신으로 파견된 일본 대장경(大藏卿) 다테 무네나리(伊達宗城)와 청나라 직예총독(直隸總督) 이홍장(李鴻章)이 조인하였다. 이 조약에는 양국의 통상관계에 대해 구미열강에 준하는 최혜국 대우 및 협정관세율을 적용한다는 조항이 포함되어 있었다.

며, 양국의 신의가 이로 인해 무너지게 될 것입니다. 이야말로 본 사신이 크게 두려워하는 것이지 구구한 이해 때문에 그러는 것이 아닙니다.

일본: 우리가 비록 손해를 보더라도 참으로 귀국에 이익이 된다면 조론(朝論: 조정의 의론)에서는 시행하자고 할 것입니다. 그러므로 귀국 화물(貨物)의 세를 징수하지 않는 것입니다.

우리: 우리 화물에 징세(徵稅)하지 않는 것은 우리 상민(商民)이 이곳에 온다면야 마땅히 감사할 일이지만, 애초에 우리 상민이 오지를 않으니 그 고마움을 누가 알겠습니까? 대저 조야(朝野)의 논의에 의심의 단서가 풀리지 않아서 이것이 사사건건 장애가 되고 있습니다. 귀국의 계획이 남김없이 공평하게 되도록 힘써서 우리나라에 이익이 된다는 점을 깨닫게 한 뒤라야 관계가 더욱 친밀해질 것입니다.

일본: 상세(商稅)에 관한 법은 물화의 성쇠(盛衰)를 서서히 살펴서 그것을 참작해서 정하는 것이지, 본래 온갖 물건에 대해 한꺼번에 무리하게 세액을 배정하는 것이 아닙니다. 이 때문에 수년간 무역을 하고 나서야 합당하게 정할 수가 있습니다.

우리: 이 일은 마땅히 외무성에서 대면하고 말해야 하겠으나, 저를 위해 먼저 전달해 주시면 좋겠습니다.

일본: 제가 기회 있을 때마다 힘쓰겠습니다.

또 말함: 서항(西港)의 일은, 우리나라는 반드시 인천(仁川)으로 정하려 하는데 귀국 조정에서는 어째서 한결같이 굳게 거부하는 것인지요?

우리: 인천에 대한 일은 조정의 의론이 전과 다름이 없으니 다시 논할

필요가 없습니다. 우리나라는 이미 교동(喬桐)과 남양(南陽)을 제안했으니, 처음부터 경기 연안을 허락하지 않은 것은 아닙니다. 지금 만약 두 곳 가운데서 항구를 지정한다 해도 안 될 것은 없지만, 항구를 여는 것은 7, 8년을 기다리지 않으면 안 됩니다. 경기 연안의 민심을 하루아침에 가라앉힐 방법이 없습니다. 또 지금 원산항(元山港)의 일은 초창기에 보를 쌓는 데 거금이 들었으니, 이제 와서 좌우에서 항구를 논의한들 어찌해볼 방도가 전혀 없습니다. 다시 원산 북항(北港)이 흥성하기를 기다렸다가 세액을 협정한 뒤에 도모한다면 자연히 적당한 때가 올 것입니다.

저쪽에서 답이 없다가 이어서 말함: 써 보여주신 미곡(米穀)의 일은 서계에서 분명하게 말하지 않았습니다. 또 각하(閣下)가 지난번 대보와 만났을 때 사신께 (귀 사신의 공무가) 어떤 일인지 물었더니 다만 보빙(報聘)한 것이라고 답하셨고, 별폭(別幅)[55]에는 정세(定稅)에 대한 일 한 가지가 있을 뿐입니다. 지금 갑자기 이에 대해 써 보이시니 외무성의 여러 공들이 의심이 없을 수가 없습니다. 또 공사가 중간에 끼어서 매우 불편하게 되었습니다.

우리: 미곡은 별도의 일이 아니라 세고(稅稿) 가운데 한 건입니다. 또 우리나라는 미곡 유통을 허락한 적이 없으니, 중간에 조약을 개정하는 것과는 본래 같지가 않습니다.

일본: 미곡을 유통시키지 않으면 우리 상민(商民)들은 무엇을 양식으로

---

55 별폭(別幅) : 공식 문건의 내용을 보충하기 위해 별도로 첨부하는 문건. 보통 외교문서에 딸린 예물의 종류와 수량을 적은 물품의 목록을 가리킨다. 본 자료에 수록된 「서계초(書契草)」에는 예단의 목록과 함께 별록(別錄)이 포함되어 있는데, 그 내용은 부산항에서 관세를 징수하는 일에 대해 논의해야 한다는 것이다. 본서 84면 참조.

삼으란 말입니까.

우리: 다만 배에 실어 수출하는 것을 금할 뿐입니다. 개항처의 쌀은 애초부터 막지 않았습니다.

일본: 있는 것과 없는 것을 서로 교환함에 있어 미곡은 중요한 것입니다. 어찌 일절 금하여 막는단 말입니까?

우리: 우리나라는 다만 삼남(三南)에만 곡식이 나며 그 밖의 다섯 도(道)는 그것이 운반되기만을 기다리는 것이니 여전히 부족함을 근심합니다. 만약 새어나가는 것이 그치지 않는다면 온 나라가 앉은 채로 곤궁해지는 것입니다. 어찌 엄하게 막지 않을 수 있겠습니까?

일본: 예전 병자년에 제가 부산에 머물렀는데, 홍공(洪公: 홍우창(洪祐昌)을 지칭함)이 부백(府伯)이었습니다. 제가 "참혹하고 황폐함이 이와 같으니 제가 마땅히 쌀을 보내 구휼하겠습니다."라고 하자, 홍공이 정부의 공문이 있은 뒤에야 의논할 수 있다고 답하였습니다. 그러므로 제가 곧 정부에 보고하고 쌀 이만 석을 마련하였지요. 날마다 공문을 기다렸으나 반응이 없어서 그대로 두었습니다. 이듬해 제가 귀국 경성(京城)에 가니 홍공이 강수관이 되었더군요. 그래서 이 일을 거론했더니 재민(災民)이 구휼을 받지 못함을 크게 탄식하였습니다.

우리: 이때 저는 외직을 맡고 있어서 자세히 듣지 못했습니다.

일본: 해관의 규정은 제가 이미 누차 진언하여 귀국에서 전적으로 채용한 것인데, 걸맞지 않은 사람이 해관을 주관하면 어떻게 검사를 하겠습니까? 미곡으로 말할 것 같으면 배의 화물이 출입할 때 반드시 원정(員丁)을 두어 배에 올라 규찰한다면 어찌 알지 못하

게 되는 이치가 있겠습니까? 써 보이신 글 가운데 '잠수(潛輸: 몰래 내보내다)' 두 자는 매우 좋지 못합니다.

우리: 해관을 거치지 않는 폐단 또한 많습니다. 몰래 빼돌리는 것이 아니면 무엇이란 말입니까.

일본: 미곡을 반드시 금하여 막고자 하신다면 장차 언쟁의 단서가 될 것입니다. '득수출입(得輸出入: 수출입할 수 있다)' 네 자는 무슨 말이겠습니까?

우리: 어째서 본문을 상세히 살펴보지 않으십니까? 병자년 우리 정부의 녹송(錄送) 가운데 "미곡은 교역할 수 없다."고 한 조목이 있습니다. 통상장정(通商章程) 제6칙[56]에 "항구에 체류하는 인민의 양미는 수출입할 수 있다."[港口留住人民粮米, 得輸出入.]고 되어 있으니, 양식으로 쓰는 미곡 외에는 출입을 불허한다는 것을 알 수 있습니다. 입장 바꿔 생각해보면 분명 조약에 위배되는 것을 고집해서 말하고 있는 것입니다. 더구나 중동화약에 분명히 미곡에 대해 금지한 조항이 있습니다. 또, 『초사태서기(初使泰西記)』[57]에도 청나라 사신과 러시아인이 미곡 금수에 관해 담판한 일이 나오는데, 러시아 또한 감히 힐책하지 않았습니다.

---

56 통상장정(通商章程) 제6칙 : 통상장정은 1876년 조일수호조규의 후속조치로서 같은 해 7월 6일에 체결된 조일 간 무역규칙을 가리킨다. 강수관 조인희(趙寅熙)와 일본 이사관 미야모토 고이치(宮本少一)가 조인하였다. 제6칙의 내용은 "앞으로 조선국 항구에 체류하는 일본 인민의 양미와 잡곡은 수출입할 수 있다."[嗣後於朝鮮國港口住留日本人民糧米及雜穀, 得輸出入.]는 것이다.

57 『초사태서기(初使泰西記)』: 청나라가 서양에 보낸 최초의 외교사절 중 한 명이었던 지강(志剛, 1817-?)의 저서로, 1868년부터 1870년까지 유럽 각국을 방문한 경험을 기록한 책이다.

일본: 근래에는 우리나라와 청나라가 모두 미곡을 금하지 않습니다.

우리: 그렇지 않습니다. 우리나라 또한 배가 있어서 바다로 나갑니다. 풍흉에 따라 무역하여 수출입에 서로 배상한다면 비록 금하지 않더라도 괜찮겠지요. 지금은 다만 새어나가기만 하니, 틈을 메우는 데는 다른 방법이 없습니다. 어찌 금하지 않을 수 있겠습니까.

◎ **26일. 외무성에 가니 이노우에 가오루와 하나부사 요시모토가 나와서 맞이하였다. 공무(公務)를 의논하였다.**

우리: 세칙(稅則)의 의고(擬稿)를 공사에게 보내서 보여주었습니다. 20일경에 대면하여 의논하기 시작했고, 곧이어 23일에 문서를 보냈습니다.

[원문 결락]

(일본): (…) 만약 상관없다고 한다면 며칠 후에 저는 다시 나가겠습니다. 육조(六曹)의 판서(判書)는 마땅히 다시 보지 않으시겠지요?

우리: 이는 이미 행한 일인데, 어찌 그렇게 하겠습니까?

일본: 제 할 말은 다했으니 다시 요청할 것은 없습니다. 천천히 다시 생각하시지요.

우리: 다시 생각해 보겠습니다. 그러나 단지 삼대신(三大臣)만 만나도 좋을 것입니다. 세칙에 대한 일은 이제 막 초안을 내려고 하니 마땅히 보내서 열람케 하겠습니다. 미곡에 대해서도 상의할 것이 있다면 그때그때 알려주시기를 바랍니다.

일본: 말씀하신 대로 하겠습니다. 귀국이 세관의 규례(規例)를 잘 모르니 걱정이 됩니다. 제가 일찍이 세무(稅務)에 관한 책자를 동래부에 보냈는데 어째서 가져다 쓰시지 않으셨는지요. 귀국 의주(義

州)의 세법은 과연 어떠합니까?

우리: 의주의 세법은 타국과 통상하는 것이 아닙니다. 다만 변문(邊門)
    에서 우리나라 사람에게 징세할 뿐이니, 세액이 무겁든 가볍든
    누가 따르지 않겠습니까? 귀국의 각 항구 세칙을 한번 보여주시
    기 바랍니다.

일본: 마땅히 찾아서 드리겠습니다. 의주의 세책(稅冊)은 작년에 구하
    고자 하여 강수관의 허락을 이미 받았는데 아직도 보내오지 않
    았습니다.

우리: 올 때 홍공(洪公)이 병상에 있어 작별인사를 못 했습니다. 그래서
    자세히 듣지 못했습니다.

◎ 8월 3일, 외무경 이노우에 가오루의 집에 갔다. 하나부사 요시모토
와 미야모토 고이치, 3등 출사(出仕) 시오다 사부로(鹽田三郎), 2등
서기 산노미야 요시타네(三宮義胤)[58] 또한 그 자리에 있었다.

일본: 들으니 사절이 내일 떠나신다고 하기에 간단히 오찬을 마련하여
    초대하였습니다. 간절히 드릴 말씀이 있는데 꺼리는 바를 범하
    는 일이 많더라도 용서해 주시기를 바랍니다.

우리: 마음을 터놓고 솔직히 말씀하신다니 높은 뜻이 감격스럽습니다.

일본: 세상의 대세(大勢)는 전에 이미 말씀드렸듯이 매우 급박합니다.
    이것을 다시 고하기 위해 지구(地球)를 펼쳐 온 나라를 가리켜
    보여드리려는 것입니다. 러시아의 넓이로 말하자면 그 국도(國
    都)는 구라파의 경계에 있으며 중아세아(中亞細亞)에 일대(一大)

---

58 산노미야 요시타네(三宮義胤) : 원문에는 '三宮義徹'로 되어 있다.

도회가 있습니다. 근래 또 도문강(圖們江)의 해구에 겹겹의 진
(鎭)과 이름난 도시들을 세웠습니다. 부두에는 군함 열여섯 척이
있고 각 배마다 해군이 삼천여 명은 됩니다. 이곳과 귀국의 북쪽
변경은 매우 가깝습니다. 그들의 의도는 귀국의 동남해(東南海)
를 따라 중국 산동성(山東省) 해안을 거쳐 바로 북경(北京)으로
들어가려는 것입니다. 만약 산동성 해안에 병사를 주둔시킨다면
그 맞은편 해안이 곧 귀국 땅이니 아무 일도 없을 것이라고 보장
할 수 있겠습니까? 근래에는 각국이 군사를 일으켜 반드시 먼저
경성(京城: 수도)에 들어간 뒤에야 일을 해결할 수 있습니다. 러
시아가 만약 서북쪽 길로 간다면 북경과의 거리가 매우 멀기 때
문에 반드시 해로를 통해야 빨리 도착할 수 있습니다. 만약 중국
과 분쟁이 일어난다면 귀국과 우리나라도 똑같이 피해를 입을
것입니다. 제가 이것을 간절히 말씀드리는 것은 귀국을 위함이
아니라 실은 우리나라를 위한 일입니다.

우리: 보여주신 뜻이 극히 감격스럽습니다. 중국과 러시아 사이에 분
쟁이 있다는 것은 이미 대략 들었는데, 도문강에서 전쟁을 준비
하고 있다는 일은 우리나라에서 전혀 듣지 못한 일입니다. 크게
염려되는군요.

일본: 좌중의 대서기가 지난번에 독일에서 돌아왔습니다. 이탈리아 지
방에서 러시아 해군경을 만나서 그와 같은 배를 타고 가다가 중
국 상해(上海)에 이르러 길이 나뉘었는데, 석탄을 운반하러 다시
나가사키에 올 것이라고 했다고 합니다. 배 안에서 그 동정을 살
펴보니 극히 걱정스러웠습니다. 중국의 일은 다행히 잘 끝나서
급작스레 일이 터지는 데는 이르지 않았습니다. (그러나) 만약 날

씨가 조금 추워져서 북쪽 바다가 얼면 군함이 편히 주둔할 수가 없어서 반드시 남쪽으로 돌아 해안 한 곳을 찾아 머무르게 될 것입니다. 귀국의 부산항 같은 곳이 가장 염려되니, 그곳이 중국으로 가기 편리한 곳이기 때문입니다. 이때 귀국의 병력은 저들을 막을 수 있겠습니까? 러시아인이 부산에 머무르게 되면 우리나라의 근심도 더욱 절박해집니다. 이를 장차 어찌할까요.

우리: 우리나라는 비록 러시아와 강토를 접하고 있으나 서로 왕래한 적은 없습니다. 다만 귀국과 친목하여 유사시에 서로 보호하길 바랄 수밖에요.

일본: 만국(萬國)의 법에는 이웃나라에 분쟁이 있으면 다만 중립을 지켜야 한다고 되어 있습니다. 하물며 우리나라는 스스로 구제하기에도 충분치 않습니다. 올해 미국, 프랑스, 영국 각국이 일시에 여기로 몰려들었으니 그것은 어째서일까요? 러시아가 아세아에서 뜻을 얻어서 세력이 더욱 강대해지면 구라파 각국이 모두 저들의 통제를 받아 자립할 수 없게 되기 때문이지요. 이러한 우려 때문에 귀국과 동맹을 맺으려는 것입니다. 만약 각국과 수호(修好)하면 다른 날 러시아가 감히 이유 없이 침범하지는 못할 것입니다.

우리: 우리나라는 일찍이 서양 각국과 통상한 적이 없으니 이러한 사정을 어떻게 알겠습니까. 다만 장차 이러한 곡절을 돌아가서 조정에 아뢰겠습니다.

일본: 각하가 비록 돌아가서 귀 조정에 고하더라도 분명 그 말을 들을 리가 없습니다. 비록 그러할 것을 알지만 제가 어찌 충심으로 알려드리지 않을 수 있겠습니까. 서양의 각국은 다만 먼저 수호하

고자 할 뿐이며, 또한 꼭 서둘러 통상하려고 하지는 않습니다.
지금 귀국을 위해 헤아려 보면 병사와 기계는 반드시 배워야 하
는 것이 아닙니다. 다만 속히 몇 사람을 보내 여기에 머물면서
각국이 교제(交際)하는 일의 정황을 궁구하는 것을 첫 번째 급무
로 삼아야 합니다. 흘려듣지 마시기를 간절히 바랍니다.

일본: 각하가 비록 돌아가서 귀 조정에 고하더라도 분명 그 말을 들을
리가 없습니다. 비록 그러할 것을 알지만 제가 어찌 충심으로 고
하지 않을 수 있겠습니까. 만약 위태로움을 편안해 하고 재난을
이롭게 여기면서 이에 개의치 않으신다면 또한 감히 다시 말씀
드리지 않겠습니다.

우리: 조정의 명의(命意)를 비록 감히 예측할 수는 없지만 어찌 감히
하나하나 자세히 아뢰지 않겠습니까.

일본: 예조에 보내는 원래 서계 외에 다시 각국 사정에 대해 따로 글을
써서 바치겠습니다.[59]

우리: 귀의(貴意)를 마땅히 전달하겠습니다.

◎ **8월 4일, 출발에 임해 외무경이 작별인사를 하러 왔다.**

일본: 공사가 4월에 이미 출발하라는 명을 받았는데, 귀국에서 사신이
오신다는 것을 듣고서 이 때문에 출발을 늦춘 것입니다. 십여 일
후에 마땅히 출발시킬 것입니다.

---

59 각국 …… 바치겠습니다 : 본 자료에는 일본 측의 「답서계(答書契)」와 함께 이노우에
가오루(井上馨)가 작성한 별지(別紙)가 수록되어 있다. 조선이 해외 각국과 수호하기를
촉구하는 내용이다. 본서 93~94면 참조.

우리: 귀국 공사가 오는 것을 우리가 어찌 막으려고 하겠습니까. 다만
　　이 사행은 9월 초에 복명(復命)할 수 있는데 장차 여러 사정을
　　조정에 상주하고 숙고해 결정하려면 또 한두 달이 걸릴 것입니
　　다. 공사의 행차는 이를 헤아려 기일을 늦춤이 온당할 것 같습니
　　다. 만약 십여 일 안에 곧 출발하게 되면 우리나라 경성에 도착
　　했을 때 도리어 이 사행보다 먼저 와 있게 될 것입니다. 일마다
　　장애물이 많으니 양해해 주시지요. 또 모든 일은 이미 영사관이
　　있는데 어찌하여 번거롭게 다시 공사를 보내려 하십니까?

일본: 공사가 해결할 일을 영사가 어찌 감당하겠습니까. 직분이 본디
　　다른 것입니다. 출발 시기를 늦추는 일은 마땅히 다시 생각해 보
　　겠습니다.

우리: 공사(公事)의 시무(時務)는 성실한 뜻으로 서로 믿는 것이 중요합
　　니다. 무력을 써서 문제를 일으켜서는 안 됩니다. 모름지기 이
　　뜻을 공사가 떠날 때에 말해준다면 좋겠습니다. 일을 논함에 공
　　과 같이 통쾌히 한다면 우리나라 사람 누구라도 밝게 깨달을 수
　　있을 것입니다.

일본: 사정이 통할 수 있다면 어찌 다시 서운한 일이 있겠습니까. 우리
　　가 귀국에 직언(直言)을 하는데도 전혀 깨닫지 못하여 이웃나라
　　(일본을 지칭함)에 화를 불러오게 되었으니, 이때에 이르러 어찌
　　제가 아무 할 말이 없겠습니까.

우리: 진실로 진정(眞情)으로써 한다면 우리나라가 어찌 깨닫지 못하겠
　　습니까?

일본: 접때 미국의 일로 서계를 보냈는데 또한 들어주지 않았습니다.
　　이후로 저는 일마다 알려드리고자 하지는 않습니다.

우리: 외무경의 성대한 뜻은 우리나라가 이미 알고 있습니다. 만약 외
　　　무성의 서계가 아니었다면 답서가 반드시 이처럼 곡진하지는 않
　　　았을 것입니다.

하나부사 요시모토가 화륜차에 동승하여 요코하마까지 전송해주었다.

우리가 차 안에서 그쪽에 말함: "때마침 외무경이 와서 전별하였는데,
　　　공사를 보내는 일에 대해 언급하였습니다. 그러므로 제가 기일
　　　을 늦추는 것에 대해 생각해 보라고 부탁하였는데, 그 또한 그렇
　　　다고 여겼습니다. 외무경이 공사를 만나게 되면 아마도 이 일을
　　　먼저 언급할 터이니, 공사께서는 모름지기 그와 상의하여 날짜
　　　를 물려 정하는 것이 좋겠습니다. 만약 공사가 급작스레 출발한
　　　다면 난처한 일이 많을 것이니 공은 양해해 주시기 바랍니다."

일본: 이렇게 말씀해 주셔서 매우 감사합니다.

우리: 들으니 공사께서 변리(辨理)로 승진했다더군요. 나중에 오실 때
　　　에는 국서(國書)를 가지고 옵니까? 병자(丙子) 때 이사관(理事官)
　　　이 왔을 적에 양국에서 공사를 보낼 때 국서를 지참하지 않기로
　　　정했습니다. 지금 어떻게 어길 수 있겠습니까. 만약 품질(品秩)
　　　이 높아서 체면이 자별하다면, 제 생각으로는 정부의 서계를 가
　　　져오는 것이 조금 나을 듯합니다.

일본: 외무의 서계는 정부의 명의(命意)입니다. 우리나라는 수호를 논
　　　한 지 이미 여러 해가 되었습니다. 양국의 임금이 국서를 주고받
　　　는다면 더욱 돈독해질 것입니다. 서계는 마땅히 대청국(大淸國)
　　　과 왕복하는 격식을 쓰는 것이 좋겠습니다.

우리: 만약 다른 나라를 가지고 말한다면 국서를 가져가지 않는 것이
　　　마땅히 흠이 되겠지요. 그러나 우리나라의 규식은 본래 그렇지

않습니다. 이는 공사께서 응당 상세히 알아야 할 부분입니다. 또 이미 전의 약정이 있는데 지금 다시 상의하지 않고 갑자기 약정을 어긴다면 도리가 아닙니다. 이 일은 외무경을 갑자기 만나 출발이 급해 설명하지 못한 것입니다. 공사께서 장차 이 뜻을 의론에 부쳐 주시기 바랍니다. 다음에는 모름지기 외무의 서계만을 가지고 와야 할 것입니다. 다시 한번 의논해 주시면 매우 좋겠습니다.

일본: 공의 말씀을 의논에 부치겠습니다.

공문서(公文書) 및 서간(書柬)

◎ 3월 4일

의정부에서 상고(相考)한 일에 대해 이번에 계하(啓下)[60]하신 전교(傳敎).

부(府)에서 "일본 공사가 해마다 왔는데, 교린의 우의라는 것이 있으니 마땅히 회사(回謝)하는 조치가 있어야 할 것입니다. 해조(該曹)로 하여금 수신사를 뽑아서 보내고 적당한 때로 출발일자를 정하여 먼저 이 뜻을 관중(館中: 왜관(倭館)을 지칭함)에 통보하고 동래부사(東萊府使)에게도 분부(分付)하는 것이 어떠하겠는지요."라고 아뢴 것에 대해 "윤허한다."고 답하신 일을 전교하니, 전교의 말뜻을 받들어 잘 살펴서 시행할 것. 2월 10일

◎ 4월 12일 관중 왕복 서간

간단히 아룁니다. 우리 정부가 통정대부(通政大夫) 전임(前任) 승정원(承政院) 동부승지(同副承旨) 김홍집(金弘集)을 수신사에 임명하여 머지않아 출발시킬 것이므로, 조례(條例)와 관련된 모든 것들을 미리 의논

---

60 계하(啓下) : 임금의 결재(決裁). 상소문이나 안건 등을 임금에게 올리면 임금이 그것을 보고 '계(啓)' 자(字)를 새긴 도장으로 친람(親覽) 및 결재 여부를 표시하여 해당 부서에 내려 보냈다.

하여 정하지 않을 수 없습니다. 따로 별간(別柬)을 갖추어 이러한 사항
을 통보하니 귀하께서 살펴보시고 뜻을 말씀해 주십시오. 경구(敬具)[61].

　　　　　　○년 ○월 ○일 동래부백(東萊府伯) 심동신(沈東臣)

별간(別柬)

1. 우리나라의 선척은 새로 만들 겨를이 없고, 귀국의 선척을 이 때문
   에 다시 번거롭게 해서는 안 될 것입니다. 삭선(朔船)을 빌려 타고
   왕래하기는 것이 편리할 듯한데, 반드시 귀관의 지휘가 있어야 군색
   할 일이 없을 것입니다. 뱃삯의 다소(多少) 같은 것들도 반드시 계산
   해서 알려주셔야 잘 처리할 수 있을 것입니다.

1. 여관을 먼저 지정하고, 들어가는 경비 또한 헤아려보고 알려주십시오.

1. 병자년에 귀국의 역관 십여 인이 같이 탄 전례가 있는데, 지금은 그
   렇게 번거롭게 할 수는 없습니다. 우라세 히로시(浦瀨裕), 나카노 고
   타로(中野許太郎)[62] 등과 생도(生徒) 몇 사람, 하대(下代) 몇 사람만 동
   승할 것을 청합니다.

1. 상선(上船: 승선) 일자와 수원(隨員)의 수는 우리 정부의 통지를 기다
   려서 다시 통보하겠습니다.

---

61 경구(敬具) : 서신의 끝에 써서 공경을 표하는 말. '배구(拜具)'와 같다.

62 나카노 고타로(中野許太郎) : 메이지시대의 관리 나카노 고타로(中野許多郎)를 지칭
하는 것으로 추정된다. 나카노 고타로는 1875년 외무성 6등 서기생(書記生)으로 조선에
파견되었으며, 1876년 제1차 수신사 김기수를 부산에서 영접하고 귀국시에도 부산까지
수행하였다. '多'와 '太'의 발음이 같으므로 통용된 것일 수도 있고 저자 혹은 필사자의
오기일 수도 있다.

◎ 18일에 온 서간

살펴 답합니다. "귀 정부가 특명으로 통정대부 전임 승정원 동부승지 김○○를 수신사로 임명하여 머지않아 출발시킬 것이므로 조례와 관련된 모든 사항을 미리 의논하여 정하자" 운운하셨습니다. 귀의(貴意)를 공경히 받들어 먼저 미쓰비시회사(三菱會社)에 기선(汽船)을 빌려 탈 수 있도록 명하였으며, 이 회사의 이사(理事)인 가와부치 마사모토(川淵正幹)가 아래의 별단(別單)으로 답을 올렸습니다. 기타 여관 등에 관한 사항은 별도로 작성하여 올리겠으니 두루 헤아려 주십시오. 경구.

메이지 13년(1880) 5월 25일 영사(領事) 곤도 마스키(近藤眞鋤)

1. 여관은 우리 정부가 이미 설치해 둔 것이 있으니 그 경비는 귀 사신이 도쿄에 도착했을 때 접반(接伴)할 관원과 직접 의논하시면 분명 양측 모두 편한 방법이 있을 것입니다.

1. 역관 우라세 히로시와 나카노가 동승하는 일은 의당 말씀대로 하겠으며, 하대의 동승에 관한 일은 담당 관원들에게 맡기겠습니다.【우리 기선 관핵환(貫劾丸)[63]이 6월 25일에 와서 28일에 떠나는데, 귀국 달력으로 5월 21일입니다. 상선 일자를 그날로 정하면 매우 편리할 것이며 불필요한 경비도 줄어들 것입니다.】

1. 우선(郵船) 관핵환이 정규 항해할 때 부산에서 고베까지 편도직선으로 빌려서 타게 되면 해당 비용이 우리나라 돈으로 2천 원입니다.

1. 우선을 그때 맞춰서 새로 고베에서 부산까지 직선으로 빌려서 가면

---

63 관핵환(貫劾丸) : 당시 미쓰비시의 우선(郵船)의 명칭 가운데 '貫劾丸'은 현재 확인되지 않는다. 정확한 발음을 알 수 없으므로 일단 '관핵환'으로 표기한다.

해당 비용이 우리나라 돈으로 4천 원입니다.

1. 부산포에서 머무르는 일수는 항구에 도착한 날부터 출항하는 날까지 닷새로 한정하며, 그때처럼 일수(日數)의 한도를 넘으면 그 일수를 헤아려 정박 경비가 하루에 우리나라 돈으로 5천 원씩입니다. 위 금액은 모두 부산포에서 받을 것입니다.

1. 우선을 빌려 타는 것이 결정되면 소약서(所約書)를 부여(附與)할 것이며 위 기사는 물으신 것에 대답한 것입니다.

메이지 13년 5월 24일 부산항 우편기선 미쓰비시회사 가와부치 마사모토

◎ 4월 28일 관중 왕복 서간

간단히 아룁니다. 수신사의 출발 일자를 우리나라 달력으로 28일로 하고 발선 일자는 6월 25일로 하라는 통지가 지금 막 도착하여 이를 통보하니 살펴봐 주십시오.

◎ 5월 2일 예조(禮曹)의 관문(關文)[64]

예조에서 상고한 일에 대해 이번에 계하하신 전교.

이번 수신사의 출발은 5월 28일로, 승선은 6월 25일 오시(午時)로 택하여 정할 일 및 사신을 수행할 관예(官隸)는 동래부에서 정하여 보내게 하고 일행의 주방에서 필요한 물품들 또한 동래부에서 준비하여 보내게 할 것을 계하하셨으니, 계사 중의 말뜻을 받들어 잘 살펴 시행할 것. 4월 ○일

---

64 관문(關文) : 조선시대에 동등한 관부 사이에, 또는 상급 관부에서 하급 관부로 보내던 문서 또는 허가서.

◎ 6월 15일 계초(啓草)

신(臣: 김홍집)이 수행한 일행과 함께 본 달 15일 동래부에 도착하였다는 등의 연유로 치계(馳啓)하옵니다.

◎ 서계초(書契草)

대조선국(大朝鮮國) 예조판서 윤자승(尹滋承)이 대일본국(大日本國) 외무경 이노우에 가오루(井上馨) 합하(閤下)께 서계를 올림.

삼가 조회(照會: 문서로 통지함)합니다. 귀국 공사가 자주 우리 경내로 건너오니 교린의 우호가 매우 도탑기에 우리 정부에서 예조참의 김홍집을 파견하여 회사(回謝)의 우의를 표하게 하도록 품지(稟旨)하여, 홍집이 명을 받들어 이 뜻을 펴게 되었습니다. 또 별록이 있으니 살펴보시기 바랍니다. 귀국의 태화(泰和)와 대감의 체후(體候) 다복하시길 기원합니다. 경구.

경진년(1880) 5월 ○일 예조판서 윤자승

별록(別錄)

부산 항구의 수세(收稅)[65]에 대해 지난번에 몇 년으로 기한을 정하여 면제한 것은 실로 한때의 임시방편이었으니 이제 와서 과세를 다시 늦출 수는 없습니다. 조례와 관련된 모든 사항을 강정(講定: 논의해 결정함)하여 장정(章程)으로 만든다면 좋겠습니다.

---

65 부산 항구의 수세(收稅) : 부산의 세관에서 수·출입품에 대한 관세를 징수하는 것을 가리킨다.

별단(禮單)

호피(虎皮) 3령(令), 표피(豹皮) 6령, 청서피(青鼠皮) 15장(張), 채묵(彩墨) 15동(同), 각색필(各色筆) 250자루[柄], 경광지(鏡光紙) 15묶음[束], 색접선(色摺扇) 100자루[把], 설한단(雪漢緞) 3필(疋), 채화석(彩花席) 15장, 황밀(黃蜜) 21근(斤), 색시전(色詩箋) 25축(軸), 백세목면(白細木綿) 25필, 백면주(白綿紬) 20필, 백세저포(白細苧布) 25필, 백목면(白木綿) 25필, 백저포(白苧布) 35필

사예단(私禮單)

호피 3령, 색접선 60자루, 백면지(白綿紙) 50묶음, 참빗 20동(同), 채묵 15동, 표피 3장, 색원선(色圓扇) 60자루, 색필(色筆) 20자루, 백면주 20필, 백목면 60필, 백저포 15필

행중예단(行中禮單)

세저(細苧) 19필, 세목(細木) 24필, 면주(綿紬) 9필, 백면지 17묶음, 색필 215자루, 참빗 155개(箇), 백저포 17필, 백목(白木) 40필, 색지(色紙) 9묶음, 색선(色扇) 65자루, 참먹 195홀(笏)

◎ 5월 2일

의정부에서 상고한 일.

이번 수신사행의 행구(行具) 중 분수에 넘치는 모든 것을 일절 없애며 수행하는 인원도 적당히 줄이라고 하므로 접응하는 절차도 다른 사신의 예에 의거하여 시행하고, 연로의 지공(支供: 음식 대접)은 절약하는 데 힘쓰고 각 읍의 출참(出站)[66]과 복정(卜定)[67]에 대해서도 일절 거론하

지 말 것이다. 혹여 사행을 빙자(憑藉)하는 폐단이 있다면 들리는 대로 속배(屬輩)를 법에 따라 엄중히 처벌할 뿐 아니라 제대로 살피지 못한 책임에 대하여 영읍(營邑)도 같은 뜻으로 엄벌할 것이니, 이런 일이 없도록 거듭 살핌이 마땅할 것.

◎ 5월 18일

의정부에서 상고한 일.

지금 수신사가 떠날 시기가 점차 가까워오는데 필요한 사항이 끝이 없으니 일의 형편을 생각하면 극히 염려가 된다. 판찰관(辦察官) 현석운(玄昔運)이 돈 4만 냥 가운데 2만 냥을 서울에서 이미 돈으로 바꾸어 지급하였고 나머지 2만 냥은 순영(巡營)에서 어렵게 마련하였다고 본부(本府: 의정부)로 알려왔는데 이것은 뱃삯으로 들어갈 것이고, 안동준(安東晙)의 수쇄(收刷)에 관한 사항[68]은 좌수영(左水營)에서 무위소(武衛所)로 방보(防報)[69]하였다. 사행의 건량(乾糧) 및 여러 비용을 서둘러 마련

---

66 출참(出站) : 사신이나 감사를 맞이하고 접대하기 위해 이들이 머무는 관소와 가까운 역에서 인력을 보내어 돕게 하는 것을 말한다.

67 복정(卜定) : 부역이나 공물(貢物) 이외에 필요한 물품이 있을 때에 하급 관청에 명하여 납입하게 하는 것을 말한다.

68 안동준(安東晙)의 …… 사항 : 수쇄(收刷)는 세금이나 외상값 등을 징수하는 것을 말한다. 안동준(?-1875)은 흥선대원군의 심복으로서 1867년 왜학훈도(倭學訓導)가 되어 당시 동래부사 정현덕(鄭顯德)을 도와 대일외교를 담당하고 있었다. 1872년 관왜(館倭)의 관리 문제로 정현덕 등과 함께 논죄의 대상이 되었으나 처벌 대신 회유로 끝났다. 그러나 이듬해 대원군이 실각하면서 정현덕과 함께 공금유용 혐의로 파직되고 동래부에 유배되었다가 1875년에 처형되었다. 위 본문 내용을 통해 안동준이 유용한 금액을 수쇄하여 수신사 경비 일부를 충당하려고 했던 정황을 알 수 있다.

69 방보(防報) : 상급 관청이 지휘한 업무의 수행이 어려울 때 그 이유를 해명하는 보고를 올리는 것을 말한다.

하지 않으면 안 되므로 도내의 공납(公納) 가운데 어떤 형태의 돈인지 따지지 말고 용도에 따라 마련하라는 뜻으로 이제 막 본도(本道)의 순영에 관문을 보내 통지하였으니 이 점을 잘 알아 거행함이 마땅할 것.

◎ 5월 27일

무위소에서 상고한 일.

이번 수신사가 탈 배를 사들이는 일은 무인조(戊寅條)에 상정(詳定)한 대전(代錢) 가운데 1만 냥을 나누어 지급하여 속히 떠날 수 있게 함이 마땅할 것. 화륜선 한 척을 빌려 타는 데에 은(銀) 7천 원임.

◎ 해신제문(海神祭文)

사방에 바다 있음에 동쪽이 특별하니	海四於坤 維東爲特
신령의 보살핌 넓고 깊어 우리 종국(宗國)을 제자리에 있게 하셨네.	
	靈庥汪濊 奠我宗國
지위 높고 은택 넓음에 예절을 바르게 하니	位崇澤溥 秩禮不忒
물가 걸을 때 편안하고 파도도 잠잠해라.	滋步恬窣 濤瀧怗息
신의 가호 미치는 바, 누구의 공덕인가.	冥隲攸泊 繄誰之功
우리에게 이웃과의 사귐 있으니 저 동쪽의 일본이네.	
	我有隣交 于彼和東
옛적 중엽에 처음 서간이 통하였고	奧昔中葉 簡書肇通
병자년에 이르러 조약을 맺었다네.	逮夫丙子 講信圖終
재주 없는 이 몸이 외람되이 특명 받아	顧玆不材 猥膺特命
용절(龍節: 사신의 부절) 지니고 표범 깃발 거니 왕령이 공경스럽네.	
	龍節豹纛 王靈是敬

의(義)로서 위험 감수하니 하물며 사신 감에랴. 義不辭險 矧矣修聘
삼가 행장을 꾸리고 변경에 이르러 夙戒行李 薄于邊境
길일 택해 배 띄우니 두려울 것 무엇이며 의심할 것 무엇이랴.

諏日理艦 何慄何疑

빛나는 신이시여, 여기 임하시어 자비를 베푸소서.

於赫囧神 實際慈施

왕사가 지중하니 사심으로 해선 안 될지라. 王事綦重 匪使于私
신속하고 빠르게 화살처럼 달려가도 載迅載疾 若箭斯馳
움직이지도 놀라지도 않고 궤석(几席)에 편히 앉았네.

不震不驚 安于几席

광풍을 편안히 타고 장무(瘴霧)가 훤히 걷히니 飈颷晏送 瘴霧軒闢
별빛이 뱃길을 열어주어 저녁에 도착하였네. 星言啓櫂 弭節于夕
먼 곳 회유하고자 나라에서 계책 세웠으니 紆謀柔遠 國有成策
저들이 변함없으면 누가 감히 책망하랴. 覃彼無渝 疇敢嘖言
빨리 갔다 빨리 돌아오니 모두 신령한 은택이라.

利往遄返 咸結靈恩

목욕재계하고 경건함 다하니 살찐 희생에 향기 그득하네.

齋沐致虔 脂牲香繁

부디 돌보아주어 저의 맑은 술을 흠향하소서. 庶垂顧祐 歆我淸樽

◎ 6월 25일 계초

신(臣)이 수행한 일행과 함께 동래부에 도착한 일은 이미 치계하였거
니와 본 달 22일 부산진에 도착해 24일 자시(子時)에 해신제를 설행(設
行)하였고 25일 오시에 화륜선을 타고 출발하옵기에 바다를 건널 때의

상하 인원의 명수(名數)를 뒤에 기록하여 치계하옵니다.

○년 ○월 ○일

1부를 의정부에서 삼군부(三軍府)에 베껴 통보하고 순영은 본부에서 베껴 통보할 것.

당상관(堂上官): 절충장군(折衝將軍) 이종무(李宗懋)

상판사(上判事): 전(前) 봉사(奉事) 김윤선(金允善), 전 훈도(訓導) 변종기(卞鍾夔)

별견한학당상(別遣漢學堂上): 숭록대부(崇祿大夫) 이용숙(李容肅)

군관(軍官): 전 중군(中軍) 윤웅열(尹雄烈), 전 낭청(郎廳) 최원영(崔元榮)

서기(書記): 사헌부(司憲府) 감찰(監察) 이조연(李祖淵), 전 낭청 강위(姜瑋)

반당(伴倘): 전 낭청 지석영(池錫永), 김순철(金順哲)

별군관(別軍官): 전 현감(縣監) 김기두(金箕斗), 출신(出身) 상직현(尙稷鉉), 한량(閑良) 임태경(林泰慶)

향서기(鄕書記): 오인섭(吳麟燮), 박상식(朴祥植)

통사(通事): 박기종(朴琪淙), 박인순(朴仁淳), 하기윤(河奇允)

행중고직(行中庫直): 장한석(張漢錫)

사노자(使奴子): 익환(翌煥), 수영(壽榮)

절월수(節鉞手): 진업이(陳業伊), 신쾌진(申快辰)

일산군(日傘軍): 한진이(韓辰伊)

도척(刀尺): 노비 학용(學用), 노비 만식(萬植)

주방사환(廚方使喚): 김기홍(金基洪), 전석희(田錫喜), 김순길(金順吉), 허용이(許用伊), 최성구(崔聖九), 최만춘(崔萬春)

공장(工匠) 3명, 행중노자(行中奴子) 13명, 가마꾼 6명

전어관(傳語官: 통역): 우라세 히로시(浦瀨裕), 스미나가 신다(住永辰安)

하대(下代): 이다(飯田), 가지야마(梶山)

◎ 예단증급처(禮單贈給處)

효고현령【삼첩지(三疊紙) 5묶음, 백목(白木) 2필, 백면주(白綿紬) 2필, 백저
(白苧) 2필, 별접선(別摺扇) 10자루, 참먹 10홀, 죽비(竹篦) 10동(同), 색필
10자루[枝]】

효고 1등 속관 야나기모토 나오타로(柳本直太郎)[70]【백목 1필, 백저 1필,
원선(圓扇) 5자루, 접선(摺扇) 5자루, 간지(簡紙) 50폭(幅)】

외무경 이노우에 가오루 처(處)【호피 1령, 표피 1령, 백면주 3필, 백저포
5필, 백목면 10필, 색시전 3축, 색필 30자루, 채묵 30홀, 채화석 2립(立),
원선 10자루】

외무대보 우에노 가게노리 처【표피 1령, 백면주 3필, 백저포 3필, 백목면
5필, 색시전 2축, 색필 20자루, 채묵 20홀, 채화석 2립, 접선 10자루】

외무소보 요시카와 아키마사 처【표피 1령, 백면주 3필, 백저포 3필, 백목면
5필, 색시전 2축, 색필 20자루, 채묵 20홀, 접선 10자루, 채화석 2장】

외무대서기 미야모토 고이치 처【표피 1령, 설한단 1필, 백면주 3필, 백저포
3필, 백목면 5필, 색시전 3축, 원선 10자루, 채화석 3장, 참빗 20개】

외무권대서기 사쿠라다 지카요시 처【표피 1령, 백면주 2필, 백저포 3필,
백목면 5필, 색시전 2축, 색필 10자루, 채묵 10홀, 접선 10자루】

---

70 야나기모토 나오타로(柳本直太郎) : 저본에는 '柳直太許郎'으로 잘못 기재되어 있다.

변리공사 하나부사 요시모토 처【호피 1령, 백면주 3필, 백저포 3필, 백목면
　　10필, 황밀 10근, 색필 30자루, 채묵 30홀, 원선 10자루, 채화석 5장】

구(舊) 쓰시마 도주 소 시게마사【호피 1령, 백면주 3필, 백저포 5필, 백목면
　　5필, 색시전 3축, 색필 30자루, 색묵 10홀, 참빗 10개, 접선 10자루, 원선
　　10자루】

대장경【호피 1령, 설한단 1필, 백목면 3필, 경광지 3묶음, 접선 10자루, 참빗
　　20개, 백저포 2필】

공부경【호피 1령, 설한단 1필, 경광지 3축, 접선 10자루, 참빗 20개, 백저포
　　3필, 백목면 2필】

대서기 와타나베 고키(渡邊洪基) 처【면주(綿紬) 2필, 저포 2필, 목면(木綿)
　　3필, 시전(詩箋) 2축, 먹 10홀, 붓 10자루, 접선 5자루】

내무경【표피 1령, 면주 2필, 저포 2필, 목면 3필, 붓 10자루, 먹 10홀, 참빗
　　10개】

해군경【표피 1령, 백면주 2필, 저포 2필, 목면 3필, 시전 2축, 붓 10자루, 먹
　　10홀】

육군경【표피 1령, 백면주 2필, 저포 2필, 목면 3필, 시전 2축, 접선 3자루, 참빗
　　10개】

유사쿠(裕作)[71]【저포 2필, 백목 2필, 백면지 2묶음, 색필 10자루, 먹 10홀, 접선
　　5자루, 참빗 10개】

우라세【백면주 2필, 저포 2필, 목면 3필, 백면지 3묶음, 붓 30자루, 먹 10홀,

---

71 유사쿠(裕作) : 미상(未詳). 일본 측 전어관의 한 명으로 추정된다.

원선 5자루】

스미나가【백면주 2필, 저포 2필, 목면 3필, 백면지 3묶음, 붓 30자루, 먹 10홀,
원선 5자루】

가와무라 만지로(河村滿次郞) 처【외무속관】【저포 1필, 목면 1필, 백면지 2묶
음, 접선 5자루, 붓 10자루, 먹 10홀】

협동사 다카스 겐조(高須謙三)【백면주 1필, 저포 2필, 목면 3필, 백면지 3묶
음, 붓 30자루, 먹 10홀, 접선 10자루】

협동사 다카스(高洲)[72]【백면주 1필, 저포 2필, 목면 3필, 백면지 3묶음, 색필
10자루, 먹 10홀, 접선 10자루】

협동사 가지야마 신스케(梶山新介)【백면주 1필, 저포 2필, 목면 3필, 백면지
3묶음, 색필 10자루, 먹 10홀, 접선 10자루】

외무 1등 속관 엔도 이와오 영접(迎接)【백면지 1필, 목면 2필, 백면지 3묶
음, 화포(華布) 3필, 접선 5자루, 참빗 5개】

외무 10등 속관 오타 후사야(太田芳也), 히라 요시야(原吉也).

외무 1등, 외(外) 1등 야다 노부사다(矢田信定), 모리 시게요시(森鎭義)
합 4인 영접【각 저포 2필, 백면지 2묶음, 접선 5자루, 참빗 5개】

외무 하대 4명, 협동사 하대 2명. 합(合) 사환 6명【각 목면 1필, 접선 3자
루, 참빗 5개】

혼간지(本寺)【표피 1령, 저포 2필, 목면 5필, 백면지 5묶음, 색필 10자루, 먹
10홀, 접선 10자루, 황랍(黃蠟) 10근】

---

72 협동사 다카스(高洲) : 협동사 직원 다카스 쇼스케(高洲正輔)를 가리킨다.

◎ 답서계(答書契)[73]

[한문으로 번역한 글]

이번 경진년 5월에 보내신 편지를 받았는데, "우리 정부가 예조참의 김홍집을 파견하여 회사의 뜻을 표한다."고 하신 부분을 읽고 귀 정부가 친목을 거듭 펼치신 뜻에 깊이 감격하였습니다. 김사(金使)는 온화하고 공손하며 조사를 자세히 하여 사체(事體)에 환하여 양국의 우호를 잘 다스리니 진실로 공경할 만합니다. 별록의 수세(收稅)에 대한 일은 일찍이 메이지 12년(1879) 7월 대리공사 하나부사 요시모토가 귀국 심(沈) 판서(判書)에게 조회(照會)한 글 안에 모두 나와 있으니, 양국이 수시로 회동하여 의논해 정할 수 있습니다. 지금 다시 이 뜻으로 해당 사신과 만나서 의논하였습니다. 그가 돌아간 뒤에 분명 진술할 것이 있을 터이니 밝게 살펴 주시기를 바랍니다. 이에 귀국의 강녕을 기원하며 아울러 대감의 만복을 송축합니다. 경구.

메이지 13년 9월 ○일

별(別)

삼가 아룀.

지난번 미국 사신의 배가 귀국과 통신(通信)하고자 하여 우리 정부에 대신 문건을 정해줄 것을 부탁하였습니다. 이번에 원봉(元封)에 따르면 거절당하였기에 즉시 사정을 말하여 미국 사신을 돌려보냈습니다.

---

73 답서계(答書契) : 본 자료에는 외무경 이노우에 가오루의 「답서계」 일본어 원문이 한역문(漢譯文)과 함께 수록되어 있다. 그런데 이 일본어 원문은 당시 공문서에 사용되던 간지가나마지리분(漢字假名交り文)으로 되어 있어서 현대어 번역이 용이하지 않으므로 본 번역서에서는 한역문을 기준으로 번역하였다.

이로써 생각하건대 지금 세상에서는 크고 작은 나라가 우호를 맺고 각자 주권을 세우며 강한 이웃나라와 다투기도 합니다. 따로 국외(局外)에 거하여 침략을 막는다면서 홀로 나라의 문호를 닫고 우호를 단절하는 나라는 거의 없습니다. 청나라를 한번 보십시오. 강한 이웃나라가 동쪽 성을 노리는 것이 이미 하루 이틀 된 일이 아닙니다. 중국과 러시아 사이가 시끄러워 사세가 날로 절박해져 거의 전쟁이 터질 상황이니, 우리 두 나라가 여기에 관련되는 바가 막중하여 좌불안석입니다. 만약 하루아침에 전쟁에서 진다면 우리 두 나라가 끝내 그것 때문에 피해를 입을 것이고, 귀국이 스스로 문호를 닫아걸고 국외자(局外者)로 남고자 하여도 아마 쉽지 않을 것입니다.

이에 귀국에 바라노니 장차 외국인이 와서 저들이 온화한 마음을 갖고 예로써 우호를 청하거든 의당 경계를 나누지 말고 그들과 국교를 맺어야 할 것입니다. 비가 오지 않을 때에 미리 대비해 둔다면[74] 이익이 더욱 많을 것입니다. 나라가 두루 편안해지리니, 이는 우리 두 나라에 매우 다행스러울 뿐만이 아닙니다. 김사(金使)가 떠날 때에 충심으로 고하여 상세히 뜻을 폈으니, 다만 그가 귀국한 후에 귀 정부에서 힘써 시행해 주시기를 바랄 따름입니다. 이만 그치오니, 다복하시기를 바랍니다.

메이지 13년 9월 7일 대일본국 외무경 이노우에 가오루 인(印)

대조선국 예조판서 윤자승 합하

---

74 비가 …… 둔다면 : 원문은 '綢繆未雨'이다. 일이 닥치기 전에 미리 철저히 대비해 둔다는 뜻이다. 『시경(詩經)』 빈풍(豳風) 〈치효(鴟鴞)〉에서 "아직 궂은비가 오지 않을 때 저 뽕나무 뿌리를 거두어 모아다가 출입문을 단단히 얽어두면 저 아래에 있는 사람들 그 누가 나를 업신여기겠나."[迨天之未陰雨, 徹彼桑土, 綢繆牖戶, 今女下民, 或敢侮予.]라고 한 데서 온 말이다.

◎ 서간 왕복

외무경 이노우에 가오루 합하께

수신사 김홍집

여름비 내리는 때에 대감의 체후 다복하시기를 마음을 다해 송축합니다. 홍집이 명을 받들고 바다를 건넜는데, 마침 신우(薪憂: 자신의 병에 대한 겸칭)가 있어 미처 나아가 뵙지 못하고 있으니 죄송한 마음이 얼마나 큰지 모릅니다. 내일 마땅히 귀 성(省)에 찾아가서 서계를 올리겠습니다. 이에 앞서 먼저 말씀을 올리니 헤아려 주시면 다행이겠습니다. 삼가 재결(裁決)해 주시길 바랍니다.

7월 7일 김홍집

외무대보에게서 온 편지

귀 사신께서 내일 우리 외무경을 만나러 온다고 하셨는데 경이 마침 밖에 나가고 없으므로 본관(本官)이 만나서 서계를 받겠습니다. 오전 11시에 오시면 본 성에서 기다리고 있겠습니다. 삼가 답합니다.

외무경에게서 온 편지[75]

서간으로 치계합니다. 알려드리는 것은 귀하가 이번에 수신사의 직함을 띠고 도착했다는 것을 우리 황제 폐하께서 들으시고 가상히 여기셔서 특별히 유지를 내리시어 귀하의 알현을 허락하셨다는 것입니다.

---

75 외무경에게서 온 편지 : 이 글도 위 「답서계」와 마찬가지로 간지가나마지리분으로 되어 있다. 다만 이 글은 한역문이 덧붙어 있지 않으며, 서신의 길이가 짧아 비교적 해석이 용이하므로 일본어 원문을 기준으로 번역하였다.

말씀에 따라 8월 30일 오전 11시 아카사카(赤坂)의 임시 황거(皇居)로 와주시기 바랍니다.

◎ 문견(聞見)

요즈음 일본의 인사들이 아세아가 떨쳐 일어나지 못하고 구라파가 멋대로 횡행하는 데에 분개하여 귀천을 막론하고 함께 모여서 '흥아회(興亞會)'라는 모임을 만들었는데, 중국 공사 및 명사(名士)들이 모두 여기에 참여하고 있습니다. 그 회장은 이름이 다테 무네나리(伊達宗城)인데 예전에 중동화약(中東和約) 정세(定稅) 때에 전권대신(全權大臣)이었다고 하며, 우리나라도 같이 모이기를 바란다고 합니다.

우대신 이와쿠라 도모미(岩倉具視)라는 자는 예전에 사쓰마(薩摩) 사람 사이고 다카모리(西鄕隆盛)가 우리나라를 침범하고자 했을 때 창의(倡義)하여 나서서 보호하다가 칼에 찔리기까지 했다가 살아났다고 합니다.

대장경 사노 쓰네타미와 참의 이토 히로부미 또한 우리나라를 위해 주론(主論)한 자입니다. 여러 번 찾아와서 러시아와 관련된 다급한 기미에 대해 설명했다고 합니다.

러시아가 근래 도문강 해구에 군함 16척을 배치하고 배마다 3천여 명의 병사를 두고서 해군경을 세워 통솔하고 있는데, 장차 우리나라 북도(北道)의 해구를 거쳐 동남향으로 꺾어 중국 산동성 해안으로 들어가 바로 중국을 범하여 조선과 일본으로 가는 길을 끊으려 하고 있습니다. 이는 청국 공사와 일본인들이 깊이 근심하고 있는 일이며, 서양의 영국, 독일, 프랑스와 동양의 미국이 모두 러시아를 두려워하기를 육국(六國)이 진(秦)을 겁내듯 하여 바야흐로 합종(合從)하여 물리칠 것을 도모하고 있습니다. 상세(商稅)와 이해(利害) 같은 것은 오히려 중요치 않은 일이라고 합니다.

일본 공사가 각국에 파견되어 상주하고 있으며, 조정 관료와 인사들 중에 공사(公事)와 무관하게 가서 유람하며 동정을 살피는 자들이 있어서 천하의 형세를 환히 알 수 있습니다. 근래에는 어학(語學)[76]을 설립해서 각국의 언어를 널리 가르치고 있는데, 우리나라의 어학도 있습니다. 언어가 통하지 않으면 일의 기미를 알아 변화에 대응할 방법이 없기 때문입니다. 여러 사람들이 모두 공사를 (일본에) 상주시킬 것과 어학에 사람을 보내는 일 두 가지를 간청하였다고 합니다.

◎ 경진년 8월 12일 계초

본년(本年) 6월 25일 부산포에서 출발한 일은 이미 치계하였거니와 26일 술시에 800리 떨어진 야마구치현(山口縣) 아카마가세키에 도착하여 배에서 내려 유숙하고, 27일 밤에 출발하여 29일 사시에 1,160리 떨어진 효고현 고베항에 도착하였습니다. 배가 작아 대양을 건너지 못하므로 대선(大船)이 오기를 기다리면서 여관에 닷새를 묵고, 7월 4일 술시에 대선으로 갈아타고 6일 묘시에 1,800리 떨어진 가나가와현 요코하마에 도착해 하륙하니 외무성에서 권대서기관 사쿠라다 지카요시와 속관 야마노조 스케나가, 이시바타 사다 등이 맞아 주었습니다. 같

---

76 어학(語學) : 현재 도쿄도(東京都) 후추시(府中市)에 있는 도쿄외국어대학(東京外國語大學)의 전신인 도쿄외국어학교(東京外國語學校)를 가리킨다. 1857년 도쿠가와 막부 직할의 양학(洋學) 교육기관이었던 반쇼시라베쇼(審書調所)에 기원을 두고 있다. 1869년 영어와 프랑스어과를 추가하여 가이세이학교(開成學校)로 개칭하였고, 1873년에 도쿄외국어학교로 발족하였다. 영어, 독일어, 프랑스어, 러시아어, 중국어의 5개 학과를 두었으며, 1876년 조일수호조규의 체결 이후 조선어 습득에 대한 수요가 늘어나면서 1880년 조선어학과가 설치되었다.

은 날 화륜차를 타고 95리를 가니 에도성(江戶城) 바깥 혼간지였는데 이곳이 관소였으며, 외무소보 요시카와 아키마사, 변리공사 하나부사 요시모토가 만나러 왔습니다. 8일 사시에 신(臣)이 정관(正官)들과 함께 외무성에 갔는데 외무경 이노우에 가오루가 출타 중이어서, 대보 우에노 가게노리, 소보 요시카와 아키마사, 공사 하나부사 요시모토, 권대서기 사쿠라다 지카요시 등에게 가져온 서계 1통을 전달하였습니다. 같은 달 27일에는 태정대신 산조 사네토미와 우대신 이와쿠라 도모미 및 외무경 이하 관원들이 엔료칸에서 연회를 마련해 주었습니다. 신은 역관과 함께 사예단을 지급할 곳에 수량을 헤아려 알맞게 나누어 주었습니다. 8월 3일에 외무성 회답서계 1통과 별서계 1통을 담당 역관으로 하여금 가지고 가게 하였습니다. 4일에 에도(江戶)를 떠나 11일 술시에 부산진으로 돌아온 일 등을 아울러 모두 치계하오니 이 일을 순서대로 잘 갖추어 아뢰어 주시기 바랍니다.

광서(光緒) 6년(1880) 8월 12일

도부장계(到府狀啓). 통정대부 행(行) 예조참의 겸 수신사 김○○

회환장계(回還狀啓). 회환 수신사 부호군(副護軍) 김○○

◎ 별단초(別單草)[77]

신은 본년 5월 28일 하직 인사를 올리고 6월 25일 부산포에서 협동

---

77 별단초(別單草) : 이 글은『동문휘고(同文彙考)』에 수록된 「수신사김홍집문견사건(修信使金弘集聞見事件)」의 초고이다. 『동문휘고』에 수록된 글은 본 자료에 실려 있는 초고에 첨삭을 가하여 잘못된 부분을 바로잡고 표현을 다듬은 것이다. 본 번역서에서는『동도일사』에 실린 초고를 기준으로 번역하였다. 단, 의미가 통하지 않거나 오기(誤記)가 분명한 부분은『동문휘고』를 참조하여 보완하고 해당 내용을 각주로 제시하였다.

상사 배 지토세마루를 빌려 타고 26일 축시에 출발하여 같은 날 술시에 아카마가세키에 도착하였고, 27일 해시에 출발하여 29일 사시에 고베항에 도착했습니다. 배가 작아서 대양을 건너지 못하므로 대선이 오기를 기다리며 닷새를 여관에서 유숙하고 7월 4일 와카우라마루로 갈아타고 6일 묘시에 에도에 도착하였습니다. 8월 4일에 다시 출발하여 유시에 다카사고마루에 승선하여[78] 6일 묘시에 고베항에 도착해 하루[79]를 묵었습니다. 8일 유시[80]에 지토세마루로 갈아타고 11일 술시에 부산포로 돌아왔습니다. 왕복한 거리를 계산하면 수로 7,320리, 육로 190리입니다. 지나가며 보고들은 것을 삼가 모아 엮어서, 살펴보시도록 갖추어 올립니다.

부산에서 아카마가세키까지 나침반은 손사방(巽巳方)을 가리키며, 해로가 자못 험난하여 우리나라 사람들이 물마루[水宗]라고 부르는 곳입니다. 아카마가세키와 고베 사이는 내항(內港)을 이루는데, 남북으로 골짜기 모양이고 잇닿은 섬들이 별처럼 벌여 있어 중국인들이 오월(吳越) 지역의 강 풍경과 흡사하다고 말합니다. 고베 동남쪽을 통해 골짜기 밖으로 나와 도토미주의 경계(境界)에 이르면 하늘과 물이 맞닿아 끝없이 펼쳐지는데, 바람이 잠잠하고 파도가 고요할 때에도 파도가 요동치며 물결이 가라앉지 않으니 곧 태평양이라는 곳입니다. 여기서부

---

78 6일 …… 승선하여 : 해당 부분의 원문은 '初六日卯刻抵江戶. 八月初四日還發, 酉時乘高砂丸,'이다. 저본에는 이 구절이 빠져 있어서 『동문휘고』를 참조하여 보충하였다.

79 하루 : 저본에는 '五日'을 묵은 것으로 되어 있다. 본 자료의 일기 부분 및 『동문휘고』를 참조하여 수정하였다.

80 유시 : 저본에는 '亥時'로 되어 있다. 본 자료의 일기 부분 8월 8일자 기록에 의하면 지토세마루에 승선한 것이 유시였고, 닻을 올려 출발한 것이 해시였다. 『동문휘고』에도 '酉時'로 수정되어 있다.

터 다시 꺾어서 동북으로 가면 요코하마인데, 병자 이전 사행은 이곳에 들른 적이 없습니다. 저들 말로는 입춘(立春) 전 200일부터 며칠간은 파도가 가장 심해서 윤선 또한 운행하기 힘들다고 하였는데, 오갈 때에 바람과 날씨가 모두 좋아서 아무 탈 없이 빠르게 건넜으니 이는 왕령이 미친 바가 아니라고 할 수 없습니다.

도착한 지 사흘 만에 외무성에 서계를 전하러 가니, 외무경 이노우에 가오루는 출타 중인데 며칠 내로 돌아올 것이라고 했습니다. 대보 우에노 가게노리가 그 나라 임금이 마땅히 인견할 것이라고 말하고, 또 각 부의 장관을 만나보러 가는 예(禮)가 있다고 하였습니다. 그래서 우리 사신은 행한 적이 없는 일이라며 거절하였습니다. 공사 하나부사 요시모토가 또 특별히 찾아와서 힘써 권하면서 '청나라 공사 또한 그렇게 하며, 만약 허락하지 않으면 장차 교린에 크게 장애가 될 것'이라고 하였습니다. 며칠 동안 버티면서 나아가 응하지 않았는데, 하선연(下船宴)에 대해서도 아무 소식이 없었습니다. 이런 간략한 예절 때문에 모욕을 받고 흔단(釁端)을 일으킨다면 사뭇 중(中)을 얻은 것이 아니기에, 7월 16일에 먼저 공자묘를 배알하고 다음으로 청 공사를 방문하였습니다. 그 다음날에는 하나부사와 함께 삼대신과 참의 및 각 부의 경을 하나하나 만났으며, 모두 바로 사례하러 왔습니다. 몇 곳을 유람하는 것 또한 부지런히 시행하였습니다. 25일에 그 나라 임금이 인견하였고 26일에는 외무성에서 공무를 의논했으며 27일에는 엔료칸에서 연회를 베풀어 주었습니다. 그리고 나서야 출발할 수 있었는데, 윤선의 운행에 정해진 일자가 있어서 어쩔 수 없이 기다리느라 이처럼 지체하게 되었으니 극히 황송하옵니다.

정세(定稅)에 관한 일은 저쪽에서 먼저 (우리 정부가) 세액을 의정하여 가지고 왔는지 물었습니다. 그래서 다만 양국 정부가 의논하여 협의해야 할 것이며, 지방관이 영사관과 함께 헤아려 정하게 해도 될 것이라고 답하였습니다. 그랬더니 저쪽에서 이 일은 매우 중요하여 이 때문에 병단(兵端)이 생길 수도 있으니 비록 사신이라도 전권을 위임받지 않았다면 결정할 수 없다고 하였습니다. 그래서 다만 중동화약에 의거하여 초안을 하나 만들어 가져가겠다고 답하였습니다. 이어서 화물을 출입할 때 치르는 값을 동래부의 통사들에게 물어보고, 100 가운데 5를 뽑는 예(例)를 써서 세고(稅稿)의 초안을 만들어 따로 공사에게 보여주었는데 만나서 의논하지는 못했습니다. 청 공사에게서 들으니 일본인들이 바야흐로 조약을 개정하여 100에서 30을 뽑는 것으로 증세할 것을 의논하고 있는데 아직 각국의 허가를 받지 못한 까닭에 비밀리에 적어둔 규례책자(規例冊子)를 보여주었습니다. 그래서 하나부사를 만났을 때 "지난번의 세고는 애초에 정본(定本)이 아니므로 귀국의 조약 개정이 성사되는 것을 기다렸다가 우리도 마땅히 이 예를 따르겠다."고 말했습니다. 나중에 외무성에서 공무를 논할 때에도 그대로 말하니, 저쪽에서 감히 드러내놓고 거절하지는 못하고 우리가 아직 상무에 밝지 못하므로 갑자기 세액을 무겁게 정하면 다만 분쟁의 단서만 불어날 테니 일단 가볍게 징세하고 몇 년 후 조금 익숙해진 뒤에 고쳐서 증세하고자 해도 늦지 않을 것이라고 하였습니다. 미곡에 관한 일도 또한 일절 금하여 막는 것은 세금을 무겁게 매겨서 억제하는 것만 못하다고 하였습니다. 이러한 중요한 일을 마음대로 결정하는 것은 실로 어려우니, 돌아가서 품의하고 다시 의논해 정하고자 합니다. 청 공사 또한 "이는 갑자기 정해서는 안 되며 세액의 많고 적음을 헤아릴 것이 아니라 장차 조약을 맺을 때에 자주의 권리를 잃지 않는 것이 가장 중요한 일이다."라고 하였습니다.

개항과 (일본 공사의) 서울 주재 등의 일에 대해서는 처음에는 공석(公席)에서 언급하지 않았고, 하나부사 요시모토가 한 차례 사적으로 인천에 대한 일은 조정 의론이 여전한지 물었을 뿐입니다. 떠나는 날이 되어 외무경이 작별하러 왔는데 공사가 십여 일 후에 출발할 것이라고 해서, "사행은 9월 초에 복명하는데 일의 기미를 갖추어 아뢰고 조정에서 충분히 확인하는 데에 또 1, 2개월이 소요될 것이니 공사의 행차는 이를 헤아려 조금 늦추는 것이 좋겠다."고 답하였습니다. 저쪽에서 마땅히 다시 의논하겠다고 하였습니다. 요코하마에 도착해 공사를 만나서 앞서 한 말을 다시 하고, "공사가 이미 변리로 승진하였는데 마땅히 국서를 가지고 올 것이냐, 병자년에 이미 국서를 지참하지 않기로 약정했으니 앞으로도 다만 외무성의 서계만을 가지고 오는 것이 좋겠다."고 말하니, 저쪽에서도 맞는 말이라고 여겼습니다.

러시아가 근래 도문강 해구에 군함 16척을 배치하였는데, 매 척마다 병사 3천여 명이 있고 해군경이 통솔하고 있습니다. 그들의 의도는 장차 우리나라 동남쪽 바다를 거쳐 방향을 돌려 중국 산동성 해안으로 가서 바로 북경에 들어가는 것이라고 합니다. 이 때문에 청 공사와 일본인들이 모두 시일이 급박해 왔음을 근심하여 팔을 괴고 한숨지으며 탄식하고 있습니다. 요즘 《상해공보》와 일본의 신문지 중에 이 일에 대해 논의하지 않는 것이 없는데, 만약 정말로 일이 터지면 우리나라와 일본이 함께 그 피해를 입을 것이라고들 합니다. 서양 각국 또한 모두 러시아를 호랑이나 이리처럼 두려워하여 세계 여러 나라가 합종하여 물리치고자 하며, 수호하고 통상하는 뜻도 오로지 여기에 있다고 합니다.

일본 공사가 각국에 파견되어 상주하고 있으며, 또 조정 관료 중에 공사(公事)와 무관하게 가서 유람하며 동정을 살피는 자도 있습니다. 그러므로 세상의 형세가 가까운 이웃의 일과 같습니다. 에도에는 근래 어학을 설립하여 각국의 언어와 문자를 널리 가르치고 있으며, 이미 조선학교도 있습니다. 대개 일의 기미를 알지 못하고 언어가 통하지 않으면 변화에 대응하여 스스로 보전할 수 없기 때문이라고 합니다. 일본인은 근래 또 사적으로 모임 하나를 만들었는데, (모임의 목적은) 청 과 일본 및 우리나라 삼국이 동심동력으로 구라파의 멸시를 받지 않게 하려는 것이라고 합니다. 외무성에서 공무를 논하던 날 이노우에 가오 루가 "지금 세계의 정세를 보면 하루가 다르게 변하고 있습니다. 귀국 은 속히 공사를 이곳에 파견하고 사람을 보내어 언어를 배우게 하십시 오."라고 말하고, 돌아가서 반드시 이 두 가지 일을 정부에 아뢸 것을 간청해 마지않았습니다. 청 공사 또한 불가불 공사를 보내 오래 상주시 켜야 할 것이라고 하였습니다.

연해의 산세는 빙 둘러싸고 있는 것들이 대부분 예스럽고 **빼어난데** 험준하고 웅장한 기세는 없습니다. 스루가 경내를 지날 때에 멀리 후지 산이 높게 솟아있는 것이 보였는데, 7월 초인데도 여전히 눈 내린 흔적 이 남아 있으니 일 년 내내 눈이 녹지 않는다는 것을 알 만하였습니다. 들으니 그 남쪽 섬에 화산이 있는데 검은 연기가 서려 있고 밤에는 빛 이 나며, 서로 멀리 떨어져 있지 않아서 우뚝하니 **빼어난** 경관을 이룬 다고 합니다. 에도의 경선(經線)은 우리나라 영남의 울산과 기장 등지 와 만나는데, 날씨가 무더워서 돌아올 때가 마침 백로(白露)[81] 절기였는

---

81 백로(白露) : 가을에 속하는 절기로, 음력 9월 8일 경이다. 이슬이 내리고 가을이 시작 되는 시기이다.

데 배 안이 더워서 견딜 수가 없었습니다. 주민들은 차와 술에 얼음을
넣어서 마시는 일이 많은데 겨울에도 얼음이 얼지 않으니 모두 홋카이
도(北海道)에서 실어 와서 파는 것이라고 합니다. 비가 자주 오지만 곧
개므로, 오랜 기간 장맛비가 내리는 때는 없습니다. 지진이 많아서 몇
달마다 땅이 흔들리는데, 들으니 십여 년 전에 큰 지진이 일어나 집과
사람, 가축들이 큰 피해를 입었다고 합니다.

남녀 인물은 교묘하고 총명한 자가 많은데, 기질이 유순하나 성품이
편벽되어 침착하고 웅건한 자는 드뭅니다. 재주와 무예는 사쓰마와 나
가토(長門) 등의 주(州)를 일컫는데, 임금을 받들고 관백(關白)을 폐하는
것에 이 몇 곳의 사람들이 많이 참여하여 지금 모두 고관(高官)의 반열
에 올랐습니다. 연전에 사쓰마의 무장(武將) 사이고 다카모리가 우리나
라를 침략하자고 주장하였는데, 지금의 우대신 이와쿠라 도모미가 불
가하다고 하였으므로 사이고가 불만을 품고서 선동하여 난을 일으켜서
그와 오랫동안 싸운 끝에 결국 토벌했다고 합니다.[82]

그 나라 임금은 예부터 한갓 허기(虛器)만 끌어안고[83] 있었으며 관백
이라 칭하는 장군가에서 군대를 장악하고 생사여탈을 멋대로 한 것이
거의 300년이나 되었습니다. 최근 20년 동안에 강한 나라들이 번갈아
핍박해 와서 호시(互市)가 크게 열리니, 시대를 걱정하는 선비들이 정
령(政令)이 어그러져서 스스로 주인이 되지 못하고 모멸을 받는다고 여

---

82 연전에 …… 합니다 : 1877년에 현재의 구마모토·미야자키·오이타·가고시마현에서
사이고 다카모리가 맹주가 되어 일으킨 사쓰마번(薩摩藩) 사무라이의 무력 반란인 세이난
전쟁(西南戰爭)을 가리킨다. 사이고 다카모리 등 정한론(征韓論)을 주장한 인물들이 자신
의 의견이 기각되자 자리에서 물러나 본거지로 돌아갔다가 반란을 일으키게 된 것이다.
83 한갓 허기(虛器)만 끌어안고 : 제왕의 명위(名位)만 있고 그 실제는 없음을 뜻한다.

겼습니다. 이에 존주양이(尊主攘夷)의 주장을 창도하여, 한두 명의 뛰어난 인재가 시기(時機)를 타고 제도를 바꾸어 공실(公室)을 강하게 하고 사문(私門)을 막아서 오랜 세월 쌓인 유폐를 새롭게 고쳤습니다. 손바닥을 뒤집듯이 쉬웠으니, 시대의 일이 옮겨 변하는 것에 또한 자연스러운 형세가 있어서 그렇게 된 것이 아니겠습니까. 예전의 의절(儀節)은 헛된 꾸밈을 숭상하는 일이 많았으며 존비가 현격하고 상하가 막혀 있었는데, 근래에는 바탕이 훌륭해지는 데에 힘을 쓰며 변폭(邊幅)을 꾸미지 않습니다.[84] 태정관과 각 부의 경 이하 백관들이 날마다 관청에 나가서 일 처리를 하는데 집안을 다스리듯 부지런히 하여 하오(下午)가 되어야 비로소 관아에서 흩어져 귀가합니다. 밖에 나갈 때에는 벼슬이 높은 자는 쌍마차를 타고 추종(騶從)을 거느리지 않으며, 장상(將相)의 반열에 있는 자들만 기병 네댓 명이 칼을 빼들고 호위합니다.

그 나라는 내외의 관직이 모두 세습입니다. 각 주는 번국(藩國)이라고 칭했는데, 메이지 초에 그 영토를 모두 거두어 (각국의 제후를) 도하(都下)에 거주하게 하였습니다. 그 품계에 따라 넉넉히 녹봉을 지급하는데, 맡은 직임이 없이 녹만 받는 것입니다. 그리고서 66주(州)를 합해 37현(縣)으로 만들고 현에는 령(令)을 두었는데, 우리나라의 도백(道伯: 관찰사)과 같이 임기가 차면 교체합니다. 사람을 쓸 때에는 재주만을 봅니다. 화족(華族)과 사족(士族), 평민이 있는데, 화족은 종성(宗姓: 왕실의 성) 및 옛 번신(藩臣) 족속이라고 합니다. 옛날 번신과 각 군(君)

---

84 변폭(邊幅)을 …… 않습니다 : 원문은 '不飾邊幅'이다. 변폭(邊幅)은 포백(布帛)의 가장자리를 가리키는데, 의복이나 의용(儀容)을 의미하는 말이다. 변폭을 꾸미지 않는다는 것은 복식과 의용에 신경 쓰지 않는다는 뜻이다.

에게 백성들이 바치던 세금에는 정해진 한도가 없어서 농민들의 한 해 수확의 10분의 7을 세금으로 걷어갔는데, 제도를 바꾼 후에 감세하여 10분의 3이 되었고, 근래 또 줄여서 10분의 2가 좀 넘습니다. 또 상업을 통하게 하고 공인(工人)에게 혜택을 주며 무릇 후생(厚生)의 방도를 시행하지 않는 것이 없기 때문에[85] 백성들 가운데 놀고먹는 자가 하나도 없으며 날로 번성하고 있다고 합니다.

　육군의 제도는 서울과 지방에 6진(鎭) 40영(營)이 있으며, 상비 인원이 3만여 명입니다. 무예를 연습할 때 좌작격자(坐作擊刺)의 동작이 군율에 딱딱 맞는데, 이들은 새로 뽑은 훈련병들로 겨우 넉 달 되었을 뿐인데 이처럼 할 수 있습니다. 해군은 포선(礮船) 24척을 보유하고 있습니다. 대개 해군은 영국의 제도를 쓰고 육군은 프랑스의 제도를 쓰는데, 육군은 네덜란드의 법을 따라 다시 바꿀 것이라고 합니다. 그 외에 속칭 순사(巡査)라고 하는 경졸(警卒)이 있는데 마을에 나누어 퍼져서 순시하며 잡아들이는 일을 합니다. 이 때문에 사신이 지나갈 때 매우 질서 있고 엄숙하며 떠드는 소리가 나지 않았습니다. 혹 싸움이 나면 그때마다 법관에게 보냅니다. 그 형법에 싸우거나 송사를 일으킨 자에게는 반드시 벌금을 물리며, 죄가 무거운 자는 죄수복을 입혀 부역에 나아가게 하는데 그 죄에 따라 연한(年限)이 결정됩니다. 그러므로 죄를 짓는 자가 적어서 거의 옛날의 풍도에 가깝습니다.

　교습(敎習)하는 일은 모두 학교가 있는데, 병포(兵礮), 주거(舟車), 측

---

85 시행하지 …… 때문에 : 저본의 원문은 '無又爲之'인데, 의미가 통하지 않는다. 『동문휘고』 수록 「수신사김홍집문견사건」에서는 '又'를 '不'로 수정해 놓았다. 이에 근거하여 '無不爲之'로 수정하여 번역하였다.

산(測算), 개광(開礦), 농상(農桑), 기예(技藝) 등의 일입니다. 나라 안에
대학구(大學區)가 7개이며, 중·소학구는 이루 다 셀 수가 없습니다. 여
자들도 학교에 가서 배우게 하며, 비록 종실(宗室)과 공경(公卿)의 자녀
들이라도 모두 학교에 다닙니다. 관원이 감독하고 교사가 가르치는데,
도식과 모양을 만들어 두고 눈으로 보고 손으로 시험하게 합니다. 다
배우면 여러 국(局)으로 보냅니다. 각각의 국에는 혹 천여 인, 혹 수백
인이 날마다 일을 하는데 부지런하고 민첩하며 나태하지 않습니다. 제
조(製造)하는 국은 기륜(機輪)을 써서 하지 않는 곳이 없습니다. 화륜(火
輪) 외에 또 물로 치고 자석으로 끄는 방식으로 기륜을 만든 것도 있습
니다. 쌀 찧기와 꼴 베기[86] 등에 이르기까지 모두 기륜을 쓰니, 품을
줄이면서도 성과를 내는 것은 빠릅니다.

옛 습속이 본래 모두 정교하며, 깨끗한 것을 좋아합니다. 백성들이
사는 집은 나무로 지은 것이 많은데, 사면은 얇은 칸막이 문으로 되어
있고 바닥에는 판자를 깔았으며 그 위에 왕골자리를 펴고 앉습니다.
집이 비록 작지만 반드시 빈 땅을 남겨서 꽃과 대나무를 심고 연못에
물고기를 키우며 사이사이 산석(山石)을 놓아 꾸며둡니다. 때마다 쓸고
닦아서 먼지 한 톨도 남겨두지 않습니다. 남녀 모두 소매가 넓은 넉넉
한 옷을 입으며 치마나 바지가 없어서 그 몸을 제대로 가릴 수가 없습
니다. 발에는 나막신을 신는데, 다만 바닥에 발가락을 거는 고리 하나
가 있을 뿐입니다. 근년에는 나라의 법규가 모두 서양의 제도를 따라서
가옥은 벽돌로 짓고 철로 틀을 만들어 유리로 된 창을 끼우며, 복식은

---

86 꼴 베기 : 원문은 '刈芻'이다. 저본에는 '芻'가 '蒭'로 되어 있으나 오자이다. 『동문휘고』
수록 「수신사김홍집문견사건」에서도 '芻'로 수정해 놓았다.

모직 옷과 가죽신을 착용합니다. 그러나 관부(官府)와 학교 이외에는 옛날식으로 판잣집을 많이 쓰며 의복 또한 그러합니다. 비록 조사(朝士)라 하여도 집에 있을 때에는 옛날식 옷을 입으며, 늙은이들이나 숨어 사는 백성들로 세상에 쓰이지 못한 자들 중에는 여전히 능히 경학을 말할 줄 알며 꿋꿋하게 옛 습속을 지키며 고치지 않는 이가 많으니 자못 가상하였습니다.

　그 나라의 일 년 세입은 약 5천만 금인데, 지조(地租)와 관세가 가장 큽니다. 철도와 전신, 각 제조국(製造局) 및 주거(舟車)와 우마(牛馬)에 모두 세입이 있어 한 집도 빠뜨리지 않고 거두어들입니다. 그러나 관리의 월급이 800금(金)부터 12금까지로 균등하지 않고 여기에 더해 양병(養兵)과 고역(雇役)이 날로 늘고 달로 더해지며, 그 밖의 관부에서 쓰는 경비도 매우 커서 나가는 것이 들어오는 것보다 많아 비용을 계속 대지 못할까봐 항상 걱정합니다. 이에 날마다 지폐를 만들어 충당하지만 실제로 허액(虛額)이 많아 현재 돈의 액수보다 과다합니다. 이 때문에 물가가 날로 등귀하는 데다 서양인들이 떠날 때에 반드시 지폐를 금으로 바꿔서 돌아가므로 새어나가는 것을 막을 수가 없으니 어떻게 해결하겠습니까. 무릇 이익이 있으면 반드시 손해가 있고 성하면 곧 쇠함이 있는 것은 천도(天道)가 본디 그러한 것이니, 인력으로 그 뒷감당을 해낼 수 없는 것인가 하옵니다.

東渡日史

廿八日

晴。是日風靜波穩, 心甚喜之。左右峰巒, 若近若遠, 竹樹依依, 人家隱隱, 是伊豫州所屬云也。船中會計人近藤勝之助與之語多可聽。因其懇贈一詩曰: "乾端地軸限西東, 邂逅相逢朝日紅。萬里同舟情意厚, 一書知面姓名通。籌傳帷幄才應大, 尾附星軺路欲窮。後約分明釜港在, 中秋新月滿蒼穹。" 漸向東溟遙望, 嵐氣蒼蒼, 如星羅碁置。此云安藝州境也, 記得馬關所吟曰: "乘昏來泊赤間津, 前導緇衣次第因。水閣紅燈明似畫, 街亭白道淨無塵。通商家貯江南寶, 供客盤登海外珍。狀貌不殊言語異, 縱能相近未能親。" 船人德郎者面慣常接, 持一冊示余。乃渠國外史。感贈數語曰: "佳篇要我覽, 公亦讀書人。萬里同舟意, 應無可忘辰。" 又指所見二物, 而爲題曰: "板屋緣崖疑怪石, 布帆浮海等飛鷗。此外奇觀知不少, 爲君要請輒相酬。" 船長進酒饌。乃佛蘭之葡萄酒、未利之快果, 皆絶品佳味也。所經左右山陵, 自下至頂層層播起, 黍豆之屬蒼然供眺。亦一畫中景色, 而蓋島夷之穀貴, 不問可知也。

廿九日

晨雨朝晴。巳刻到攝津州神戶港。距赤關一千七百里云也。兵庫縣外務課長柳本直太郞、大坂屬官東原宜謙、西京屬官片山正中船上來

慰。引小艇登岸, 換乘人力車, 到數里許旅館。是大商專崎彌五郎家,
而近年新造云也。上屋洽爲十數坪, 高爲三層, 墙壁塗以青黃土, 恰若
彩箋。上層猶有溷厠, 頓無穢氣。後院築假山, 多異木怪松, 皆是新
栽。置一灌夫, 朝夕揚波, 不使枯乾。下有石塘一畝, 養紅鱗數百尾。
前階植一種釗鐵木, 如棟樑之大, 甚奇偉焉。先進糖果酒茶之屬, 仍供
午飯。使其三箇小女行廚, 皆有窈窕之態。饌味淸淡, 尙爲一飽之需
矣。小頃遣掌務官於兵庫縣回謝。縣令送六等屬靑木幹周旋於賓筵。
巡査數名亦護衛於門外。

三十日

晴。夜來風勢稍大, 白浪掀天, 彼人多賀以船泊之未晚。自廚房始供
飯, 爲其遲日之故也。遣掌務官於西京回謝, 距此爲二百三十里鐵路
也。"今此火船體小, 不能駛大洋, 待飛脚船啓行之意," 因船長所告, 舌官
來言, 故爲姑留之計。偶賦所見曰: "楊柳街頭石逕斜, 粉墻重屋是誰家。
兒女不嫌生面客, 娘娘笑進滿瓶花。"是夜四更, 行禪祭禮於館樓上。

七月初一日

晴。平明行望闕禮。遣書記於一百里大坂回謝, 亦汽車之路也。主
人專崎者携一函來示曰: "今夏我皇上西巡之路, 駐此一宿, 三條大臣
陪來書贈者。"仍閱見, 有一裹紙包上書、御賜金千圓、盃一坐。內有
玉色綾本, 書法雄健, 撫玩移時, 謝其榮耀, 主人大喜。蓋以神戶一富
氓之家, 國皇親莅一夜之過, 賜千圓金、一圓玉杯, 太政大臣貽以手墨,
可謂莫大之榮矣。數日留連, 兒女輩昵侍, 有愛好之情, 浪吟一詩曰:
"東洋女隊自分明, 年纔十餘盡夙成。好語挑來難解語, 留情看去亦無
情。朱脣粉頰雖云美, 白足緇衣也不精。時近中堂供一笑, 羈愁從此十
分輕。"適有船歸便, 家書修付。

初二日

晴。相馬幸治者通刺接見, 懇得一詩。固辭未已, 因題曰: "斜日神洲
斂瘴烟, 板橋南畔暫停船。滄溟去去疑無陸, 島嶼生生別有天。十字街
通楊柳外, 三層閣起水雲邊。居人性癖耽佳景, 異物奇形列眼前。" 復
次壁上韻曰: "三日孤居旅館深, 强登高閣索沈吟。濱海靑山搖遠影, 當
樓碧樹掛淸陰。船泊門前吳楚貨, 詩留壁上漢唐音。主人莫問風流客,
萬里南遊自古今。"

初三日

晴。取見新聞紙, 題頭曰《大坂日報》, 其下則列書日用事務。其中有
曰"朝鮮使節來留石町 三橋樓, 人員五十九人"云。日晚出街, 一淸人要
我入其居, 款接茶果。酬以筆話, 余曰: "偶對中原客, 如逢故國人。香
茶小閣裏, 懷抱一般陳。" 有老者執筆良久曰: "放眼歐洲外, 球輿共一
人。如無秦 晉好, 何必結朱陳。" 更問其姓名, 則乃副領事憑昭煒也。
繼有多少問答, 約再晤而還。歷覽道路, 則十字通街, 百隊旗亭, 林木
連植, 鐵路縱橫, 汽車粼粼來往, 人輿坊坊列置。礱石淸溝, 芰荷交映,
彩柱銅線, 電信相通。洋人之室過其半, 淸商之館居其一。飛甍十里,
未有蔀屋之間隔, 累竈百丈, 乃見火輪之工作。滿汀舟輯多是三帆, 環
境人家爭弄百貨。峰巒秀麗而不險, 閭里櫛比而不囂, 可謂繁華大去
處也。俄聞和哥浦丸來泊, 往見船樣, 大於千歲丸三分之二, 華麗奇巧,
不可形容, 此是三帆飛脚也。

初四日

夜雨。自去月廿九日至今日館費爲五十圓, 兵庫縣令自當云。申刻
乘船。主人專崎及課長柳本皆船頭作別, 而船長前導入艙房。衾褥厚
軟而極潔淨, 燈臺盥卓之具亦皆精備。二層榻坐安穩可喜。戌正揚錨,

漸向東北。所過洋中竪紅白燈臺。藏煤油於其下，引氣上升，晝隱夜
明，以避暗硝云。自馬州至神戶之間，亦多此類。近浦埠頭，築白垡如
大屋子，達夜懸燈，以明船路云。此莫非洋制也。

初五日
夜雨。遙望東南有曰富士山，上頭如粉白。船人云：“前冬雪痕尙未
消盡也。”風浪少起，船中人皆眩然倒臥。此卽太平洋最險處云。同行
之彼人阿比留廣作猝然致死，此或因別祟而然歟，抑或不勝水疾而然
歟？甚可駭怪。其慈婦年才二八，從尸傍淹泣不止。蓋其彝性，不以異
類而相殊也。

初六日
晴，夜雨。行祔[1]廟祭于船上。卯刻抵二千四百里橫濱港。輪船風舶
連纜左右，不知幾百隻。石埠棧橋曲回崖岸，關宇商閣滿眼繁華，不可
勝記。 外務一等屬遠藤巖雄、神奈川縣七等屬本多靜直‧八等屬川喜
多壯藏俱爲船上問慰。乃下陸乘人力車，到町會社喫茶果小憩。抵品
川停車所，換乘火輪車【車制鐵路規則，幷進錄次】，到東京八十里新橋，才
爲午半刻。蓋其車之疾，不能形容，而第見過境之飛禽，如凝烟未逝而
落後，山邊之村屋、街傍之人物，如電過而未詳其容。耳外但聞迅雷之
聲，長時不已，想御風之仙子，猶莫過於此也。登鐵道閣上，俯瞰東京，
廣衢繁盛，非比於所經諸港。南望海中，礟臺重重，前列爲內灣門戶。
此可謂雄都也。 外務省權大書記櫻田親義中路致慰。 復乘人輿啓行，
踰三重城門，歷蓬萊橋、京橋、淺草橋。道路極平坦，市廛整齊。緣楊
柳堤二十里，到本願寺定館。雖非樓屋，而軒敞可居。外務少輔芳川顯

---

1 祔 : 저본에는 '附'로 되어 있다. 문맥에 의거하여 수정하였다.

正、辨理公使花房義質幷來慰遠涉之勞，而如有苟碍之事，竭力周旋
云。自外務省進茶果，仍供夕飯。饌物平淡可好。權大書記櫻田及山
之城裕長、石幡貞、副田亦來慰。

初七日
朝雨午晴。本願寺僧事務總理權少敎正鈴木彗浮通刺來慰。有巡查
數名門外守護，各持長劍，自來自往，少不休暇。雖風雨昏夜，不離寸
步，但計刻而交替云。入夜多蚊虻之屬。自外務省遣十餘靑帳，遍設各
間，可喜穩枕。

初八日
晴。使相與堂上官簡率下隷，詣外務省。卿井上馨、大書記宮本少
一不在，大輔上野景範、權大書記櫻田、小輔芳川、公使花房等處，傳
授書契，略有問答，旋卽回館。前對馬島主宗重正遣屬官致慰。

初九日
晴。早朝宮本少一始爲來館。有談草。分遣兩判事於各省先問，而
遣書記官於宗重正館回謝。申後元老院議長大木喬任送七等書記喜多
川廣，工部卿山尾庸三送四等屬淸水常鐵，大藏卿佐野常民送少書記
大谷靖，各呈名帖致謝。

初十日
晴。巳刻花房及石幡貞來敍。陸軍中將黑田淸隆送八等屬竹內於莬
致謝。午刻陪使相到外務卿私第，接敍寒喧。氍筵錦卓，居處甚佳，庭
院之奇花異艸，穠麗無比。回路入花房私第，家基雖不廣占，而園林精
灑，頗有淸趣。丌上之書卷、羅前之玩好，多是我東品流。仍進酒果致

款, 姜先生示一韻, 余亦和之曰: "我行何似馬卿遊, 一粟滄波萬里舟。
斗北家鄉迷上界, 海東邦國泛中流。 秦衣越齒曾殊俗, 梧葉蟬聲尙記
秋。 異物未嘗看着意, 爲求多識數回頭。"

十一日

晴。文部卿河野敏謙遣大書記島田三郎, 陸軍卿大山巖遣少佐上領賴
方, 各自致謝。午刻外務卿井上馨及公使花房來敍。具言天下形勝、宇
內大勢, 無非誇張底意也。申刻轉到博物場。外門揭博物館額, 傍有守卒
之居。收稅於玩客, 各予木牌, 考其出入, 而因外務省指麾, 我行不稅
云。第審館, 場之圍爲四五町。內門數步地有釦鐵木, 一根五六幹, 長各
數丈。自此漸入見, 奇花異艸爲千百之種, 而無一知名。及到前堂, 護衛
之官先考信物, 且禁吸烟, 乃可許玩。第一層各國名賢塑像, 其餘各層,
衣服器用及古今物像, 無不具焉, 皆以琉璃面粧之。至于回廊, 則人骨全
體與飛禽走獸全身枯骨, 多不可注目者。 若園囿之熊、鹿、猿、鶴、
鵝、鴈、鳩、稚、鸚鵡、孔雀、鷹鵰、狐、兎、水犀、山猪、魚鼈[2]之
屬, 可愛其活動。外他奇怪之物, 神疲目役, 不可窮覽。彼曰"此中物像,
比於丙子信行時所見, 已多別備者, 而尙有未博之嘆。必與西洋三十六
國、東洋三十七國相通, 然後可畢能事"云, 其矜誇之習, 可發一笑。

十二日

晴。太政大臣三條實美遣屬官致謝。左大臣熾仁親王遣屬官堀內辨,
司法卿田中不二麻遣一等屬竹田忠質, 宮內卿關迪敎遣二等屬和田比
義, 各具名帖勞問。申刻花房來。有談草。

---

2 鼈 : 저본에는 '鱉'로 되어 있다. 용례에 의거하여 수정하였다.

十三日

乍雨。舊對馬島主宗重正來慰。說到舊日之誼，多慨然之懷。衣冠不變舊制。年近四十，容貌俊豪，頗有丈夫氣像。

十四日

夜雨。內務卿松方義正遣小書記富田冬三致慰。大淸參贊官黃遵憲及楊樞俱來慰問。瞻其狀貌，則頭邊皆削，獨存顖門，髮交編達于股後。上着如靑周衣，內着如我制而少異。冠如匏子而白，飾以紅毛，履唐鞋。皆有非好儀樣也。繼以筆話曰：“朝廷之於貴國，休戚相關，憂樂與共。近來時勢，泰西各國日見凌逼，我兩國尤當益加親密。僕輩居東三年，與異類相酬酢，今得高軒之來，眞不啻他鄕之遇故人。快慰莫可言。以僕鄙意，若得閣下常駐東，必於國事大有裨益。方今宇內大勢，實爲四千年來之所未有，堯舜禹湯之所未及料。執古人之方以藥今日之疾，未見其可。以閣下聰明，聞見日拓，將來主持國，必能爲亞細亞造福也。”

十五日

晴。晨朝行望闕禮。連日惱於書工，羈懷兼作。況入夜月色皎皎臨窓，尤令人感發歸思。乃與數人出街亭，擬以一暢際，聞吉原有士女之遊。轉至東橋外數里。玩光男女之來往，可謂磨肩連袿。遙望高樓巨閣，不知連亘幾里，而層欄彩燈列上中下三行，繡戶紋窓半捲珠簾中，有女娘容貌如玉，或四五或六七作伴。皆頭揷金花，身被靑羅，手搖團扇。有時談笑，茶鉢相酬，而華氈膩燭內外洞徹，諺所謂瑤池宴圖恰似也。且十步浮架編竹成木，枝枝懸燈，如灼灼桃花。板檻四面，圍以芝蘭之瓶。令一雙粉黛，或作袈裟之舞，或和琵琶之曲節奏，無足可聽，而風流則暢矣。稍稍看過越百餘家，而未見其止。須臾桂影西傾，香塵撲面, 神惱目眩, 仍卽回館。 想像其形容, 如春夢之覺矣。

十六日

晴。 大淸公使何如璋來館致謝。 午刻陪到宮本少一私第。 門外林園
爲數町, 多桑柘柤梨之屬。 堂宇雖不宏麗, 而極精潔, 頗有山林之趣。
接敍寒暄, 茶果致款。 歷入器械工造所。 鍊鐵治木, 專賴汽輪, 可謂洩
天機集化工者也。 是夜京橋之南設砲戲。 數隊小艇, 泛泛中流, 發大砲
一聲, 亂礮散作, 無數砲聲。 又有一種水雷砲, 自水中有動地之聲, 湧
出一大火塊, 如五彩蛟龍噴發萬斛金波。 回視水邊亭樹, 上下燈光倒
水, 呈奇玩光。 男女之轍迹履聲如爆竹, 亦一可觀也。

十七日

晴。 使相獨與堂上官, 致問大臣各處而還。 午後轉往十里許圖書觀,
卽聖廟也。 自外而入有三門, 一曰書籍館, 二曰入德門, 三曰杏壇。 正
殿額以大成殿。 夫子塑像安於正位, 顔 曾 思 孟列於左右東西廡, 掛濂
洛六君子影幀。 有古信使金世濂識文, 墨跡如新。 循覽各廡。 列置書
檻, 儲書千萬卷, 覆以琉璃, 未暇披覽, 可嘆而已。 明治以後稍置洋書,
厥數尙多。 生徒皆變夷, 儒風幾息云矣。

十八日

晴。 寅刻地震, 萬念彷徨, 坐而待朝。 何如璋與副使張斯桂來敍寒
喧, 多有筆話之可聽。 參議山田顯義亦來問, 自本願寺別具盛饌要飮,
其意可感。

十九日

晴。 別軍官所率二名酗酒相鬨, 各棍七度懲礪。 彼人觀光者皆瞿然

變色。午刻太政大臣來謝。乘馬車, 騎士八名各持刀前列而已。元老院議長、陸軍卿、工部卿及□議黑田淸隆、元老院大書記森山茂、大隈重信幷來慰, □數名騎卒前導矣。南出五里所有勸工場。萬賄皆集, 約一月六開門, 以勸賣買。物無二價, 故遠人多置商貨, 勿限遲早, 待售賣推價云。

二十日

晴。大藏卿、內務卿、左大臣及花房來慰。永日弄墨, 思念煩惱, 乃吟一絶曰: "古寺新秋天氣淸, 抄書終日苦爲情。如何此日倍悽愴, 庭院寥寥蟬自鳴。" 又曰: "萬里滄浪駕彼船, 人情地勢兩茫然。此身不識緣愁惱, 謾謝床頭未了篇。" 參議伊藤博文來謝。是夜風雨稍大。

二十一日

晴。陪往淸館。公使何如璋出接。有多少問答, 因周覽館宇, 則皆是日本之制, 而樓簷有直額曰'大淸欽差大臣公署廳'。上設皇儀, 置長卓, 鋪以紅錦裀, 邊有垂纓。左右立肅靜牌二、紅陽傘一、正從三位牌各一, 中樑掛水精燈。此皆中華法度。狹室有五六童子讀論孟書, 促促不可聞。狀貌衣樣與長者無異。余聞中華卽天下模楷, 而以今日所見言之, 輒多愁痛處, 想變大明制度而然耶。

二十二日

晴。文部卿、海軍卿及右大臣來謝。東京知事松京道之遣四等屬赤治常一, 宮內卿德大寺實遣正六位宮島一郎, 呈名帖致慰。未刻陪到舊馬島主家。庭院荒凉多愁悶之狀。欣然接敍, 有若干問答。蓋各島主之執質於京都也, 不通仕只給廩料云也。參議寺島宗則留名帖。

二十三日

陰。宮內卿來謝。晚出街亭看物色, 金銀玉帛不爲不多, 而小兒輩玩好之物居其半。毋論男女, 才五六歲輒持筆, 通物價多少, 可嘆其英敏之早也。東京 第一銀行局商人澁澤榮一、大倉組商人喜一郎各進桃、梨、葡、瓜一箱致款。

二十四日

朝雨午晴。協同社人輩奉硯請毫, 强副數幅。因出狹局上佛宇, 一編周覽。棟宇雖非舟艧, 而極壯麗。鑄金成佛, 冶爲一抱, 前列綵花、球燈之屬, 無非奇巧。樓前一面, 羅以銅網, 飛禽莫過。庭院植香林備石榻, 可爲休憩之所。僧徒皆有妻子, 職品無異仕宦之家。且屬刹之周圍, 爲數十里匝, 在閭里之間, 皆非山林淸淨之境, 而但有時念佛之音撞鍾之聲, 依然若我東羅刹, 反助客愁而已。是夜秋氣乍動。單衾稍冷, 殆不成眠。因起坐偶吟曰: "一出蠻鄕數月餘, 此爲三十六年初。正愁海氣全身濕, 又見秋涼半夜噓。 異味少嘗張使果, 奇談虛負陸侯書。願言天道均風雨, 穴蟻巢禽各穩居。"

二十五日

晴。是日大殿誕辰, 行陳賀禮於館廳。因外務省書陳, 辰刻使相與堂上官到赤坂皇居。宮垣皆竪以鐵柵, 門外有近衛兵十餘名, 皆持刀羅列。歷三重門乃下車, 省官導入前廳。初以黑服入見日皇, 皇下床免冠爲禮。次以時服入見曲拜, 別無問答云。自宮門外出見遠近各省, 皆有城無堞, 外有深溝連通海水。廣可一弓地, 荷花滿發, 舟楫往來, 堤陵之芳草, 如梳髮垂垂, 涯岸則築石架木, 以防欹危。歷入海軍省。省基爲十餘里, 門外亦有護衛卒數十, 各持砲刀序立, 有嚴肅之狀。海軍少佐黑岡帶刀、少將林淸康、陸軍工兵少衛堀本禮一助俱爲前導, 登二層閣, 廣大軒濶之樣, 玻璃氈毯之屬, 有難盡記。供茶飯後, 周覽數十間房。屋有火輪製造之具, 分其全體, 各置一段, 欲其令人易曉也。自此下幾層梯出, 小舍長廊三四十步有一閣, 復置大中小火輪。此則前外務卿寺島宗則二十年前遊外國, 一見火輪圖而依樣製成者, 故褒而傳之云。果如是則可謂希世之材矣。又越東廂, 輪具之貯置, 殆無限量, 而上層則列兵器, 如鐵胄、鐵衣、刀銃之屬, 不知幾間。最下層則兵卒或七八或十餘各運大砲, 如我運氅之易。此是課日敎鍊之處也。又轉出一場, 花卉樹林, 極其繁華。中有一巨閣, 爲數十坪, 積置大完口, 大者三四抱, 小者一二抱, 長可四五丈。皆治鍊如鏡光, 人形照耀。又一閣鉛丸堆積, 各有小穴, 穴中藏無數小丸, 一發可作千百砲也。其西引海爲池, 泛一小汽船, 海軍數十名齊立。亦時時鍊習之所也。自其處又轉一弓地, 卽海岸也。作一宇, 制度如船艙之飾, 間有窓戶, 戶掛大砲。砲繫麻鐵之繩, 下置鐵板而使之易動, 或東西或南北, 乍出乍入, 少無苟碍。復回一面, 設汽輪, 一邊作銃丸, 一邊作木機。人不甚力, 而物皆成功。所見所料, 多有駭怪難測之狀矣。

二十六日

晴。陪到外務省, 省卿及花房俱在。說到收稅及禁米等事。有多少談草。

二十七日

陰。使相與堂上官往遠遼館, 太政官及各省官皆會。設若干酒盤, 所謂饋宴云也。是夜秋風漸緊, 鄉思倍切成, 偶吟曰:"風雨淒淒板屋凉, 東洋萬里客愁長。無因做得還家夢, 夜半鍾聲出上房。"

二十八日

晴。令掌務官分遣禮物於各省。【詳見下文】東出數里町有一巨刹, 卽淺草寺云也。門前通達衢街, 石路如絃。左右設商廛, 皆眩目無用之物, 而轉入內門, 巫瞽倡優之徒比比有之。傍有獼猴之欄、鴽鳩之籠, 皆馴致奇巧之技。漸到後園則酒之肆, 蕩子遊女百戲相樂。外他怪怪之形, 口不可傳者多矣。

二十九日

晴。辰刻往大藏省。省官前導見紙幣之工造。別有紙本, 各依樣裁斷, 入輪機印出模型。頃刻成千萬圓金, 課日之數其將何如。然而物價之騰, 可謂月異而歲不同, 人情物理, 蓋有未易窺者也。

三十日

晴。因外務官書懇, 到陸軍省。各省官畢會, 俱敍寒喧, 供茶盤。小頃中尉少佐指揮陸軍, 試以敎鍊之法。兵隊爲三千, 皆白衣荷砲, 坐作進退、踊躍擊刺, 無非精銳矣。

八月初一日

陰雨。晨朝行望闕禮。宗重正來敍若談, 仍爲作別而去。館居難安, 竟作感吟一絶曰: "東來地勢大洋間, 磅破高山道路寬。行者不知山作地, 浪言此地本無山。"

初二日

陰。陪到右大臣岩倉家。告以歸期具若話。供珍饌, 竟日團圓。隨屬官周覽園中。竹木迤逶, 中有假峯, 姸姸奇花異草, 如鋪錦茵。自竹間引一條水入方塘, 有瀜瀜鳴聲, 蓮花滿汀, 清香襲人。上有院閣如飛,球燈環簷, 鋪筵甚潔淨。兩箇靑童周旋酒席一所, 淡淡若靈境。從者多般覓句, 余不得已和之曰: "東京第一相公園, 玉樹瓊林一一繁。可是蒼生經濟後, 此中閒臥喜開樽。" 是日申後, 裝具先付船人。

初三日

晴。陪到外務省, 與各員相酬, 仍致別意, 而領來答書契, 自各省備禮物, 次第回謝。

初四日

晴。早朝外務卿來別。有談草。巳刻自館離發抵新橋, 諸省官多來餞。仍騎火輪車, 卽到六鄕川一息, 鶴見津 留美及神茶, 亦各一息。皆爲其乘客之或出或入故也。卽抵橫濱出張所, 供午飯。花房義質及森山茂同載而來餞, 多致款款之意。申刻乃乘高砂丸船, 船樣之壯麗, 十倍於前騎飛脚船。艙房分上下, 卜物計長廣出貰金。是時四國人混乘, 每遇洋人, 多氣寒髮竦, 不能相近也。酉半張帆。

初五日

晴。因風順流, 船行如飛。帆外江山之景, 恍惚難狀。到遠江州境, 南望一山, 雲烟縹緲。是云火山也。過駿河之北, 峯巒列于洋面, 人家往往作居。入夜燈火連亘數十里, 是紀伊州大島云也。時値南風乍起。神氣眩然, 伏枕假眠。

初六日

晴。卯刻抵神戶下陸, 到舊館, 館人男女皆欣然迎慰。進氷壺葡函致款。

初七日
午正雷雨。遣書記官於<u>兵庫縣</u>致問, 復遣堂上官於<u>大坂</u>致別意。

初八日
晴。酉刻離發抵<u>千歲丸</u>。船人皆慣面欣接。亥正揚錨, 夜靜波穩, 喜不可言。日人<u>浦田敬</u>云者同騎聯枕, 筆酬多奇。示余一詩云: "一地球元無內外, 可知四海皆同生。扶桑雲接鷄林雨, 兩國從來脣齒情。" 卽和贈曰: "行李蕭蕭復寂寂, 逢君此夜感懷生。不啻同舟行萬里, 瓊琚一幅最多情。" 彼喜之, 强以<u>釜</u>館後圓。

初九日
晴。是日天朗氣淸, 平波如錦。遙見<u>三原</u>之峯巒, 蒼然秀出而連亘數三十里, 依峽人家, 青烟撲地。連陌雲田, 蕎梁之屬, 蒼黃滿畦。復有千帆漁艇, 溯洄<u>中洲</u>, 無非畫中之景色也。回看浪吟曰: "三原山色暮蒼蒼, 白布漁船滿大洋。瘴氣收來波似鏡, 幾時明月在中央。

初十日
晴。卯正到<u>赤馬關</u>前港小憩。<u>協同社</u>人持酒饌來慰, 兼作別懷。余偶題一絶曰: "曈曈朝日彩雲間, 差喜吾行到<u>赤關</u>。寄語故人莫惆悵, 洪流一渡卽鄕山。" 午刻啓輪, 風浪稍大, 但任其副手者周旋也。

十一日
雨風翻驚。雲霧迷茫, 火輪亦無所恃, 飄蕩外洋。舟人言: "此是<u>機 蔚</u>之境。乃回棹數百里。" 未刻來泊<u>黑巖</u>內洋, 各騎小艇, 卽抵<u>釜山</u>, 傳通于本府。

十二日

晴。早飯後到府。

十五日

晴。余以憊病僅到<u>沙背峴</u>，告別使相。

七月初六日, 外務小輔芳川顯正、辨理公使花房義質與權大書記櫻田親義來館問答。

小輔曰: "貴使此行, 當留幾日?"

我曰: "一望計可, 竣事還發。"

小輔曰: "兵寮機局, 頗多賞玩, 行期如是促耶。"

我曰: "從前信行無過此限。且兵學器械, 本使迂拙, 素無知解, 雖見之亦無益。"

小輔曰: "太平洋路甚險, 且西京、大坂省多有可觀。歸時從陸, 不過費七個日, 以此圖之爲望。"

我曰: "指導甚感。然來時以水路往返受命, 無以從陸。"

花房曰: "洪講修官、趙大將具平善否?"

我曰: "皆安好。"

花房曰: "禮判乃尹公耶?"

我曰: "尹公卽年前副官也。"

花房曰: "公幹事宮本少一當專管, 而俺亦從當有所言。"

小輔曰: "本願寺卽昔年信行留住之所, 而暑第得無狹隘乎。"

我曰: "信行之曾住此寺, 果已聞之。屋宇軒廠可幸。"

小輔曰: "如有苟艱卽通示, 當隨力資助矣。"

我曰: "姑無苟艱, 而或有可言, 當如敎仰聞。"

花房顧櫻田而言曰: "旅館凡百, 多此公之周旋。"

我曰: "貴大書記俄於新橋迎慰, 護行至此, 極用不安也。"

我又曰: "本使涉海有疾, 不可不一兩日調理, 擬待再明, 往外務省呈書契。望公使諒此, 轉及於外務省也。"

花房曰: "當如敎。" 仍幷起去。

七月初八日平明, 率譯官諸人往外務省。卿出外未還, 大輔上野景範、小輔芳川顯正、公使花房義質、權大書記櫻田親義出接。寒喧畢, 親傳書契。

大輔曰:“貴使此來, 可望兩國益加親睦。”

我曰:“我朝廷實爲兩國親睦, 特此遣使。”

大輔曰:“本省卿適出外, 日暮當還。再明幸再臨, 與卿相接也。”

我曰:“當如敎。”

大輔曰:“兩國本是兄弟之邦, 丙子信行在六七十年後, 猶屬生疎。今番則比丙子更親情契, 當無間。我國當以淸國及各國使行之禮待之。書契而才覽悉。從當有公幹, 而當圖便宜之道矣。”

我曰:“必須兩國同受利益甚幸。”

大輔喜曰:“此言甚善。”

又曰“貴使此來, 我皇上從當引見, 而各部長官, 例有相見之禮也。”

我曰:“貴皇上有引見之命, 則敢不奉承, 而至若各國使行禮, 本國所未知, 只當依從前信行爲之。”

大輔曰:“日本素稱勝地, 多有可遊處。留館時幸時時賞玩。當一一指導矣。”

我曰:“本國規模, 使行非公事不敢閒遊。”

大輔曰:“貴國法自來如此耶? 或今日別有所受命耶?”

我曰:“國法自來如此。此行非別有受命。”

大輔曰:“丙子信使亦嘗幾處遊覽, 此例何可已也。”

我曰:“此事亦果聞知。盛儀旣如此, 一二處當勉從, 其餘則或令隨員代行。”

大輔曰:“我輩旣是親友, 不但以公體相接, 源源相從甚善。鄙第望枉顧。”

我曰:“姑未竣事, 無以閒出。第待臨行前, 一次晉唔[3]矣。”

花房曰:“此後公幹, 貴使若有所言, 來外務省商辦。我國事則當就貴館議之."

我曰: "指教可感."

大輔曰: "見新聞紙, 貴使善書. 乞惠法書."

我曰: "本使不解作字, 入貴國亦未曾把筆. 或有隨員作書, 無乃誤傳
耶."

大輔曰: "否. 新聞紙所傳, 卽從釜山來者聞. 貴使有文望云云."

我曰: "此或傳之誤也. 甚愧愧." 仍告別.

大輔曰: "我國法, 雖公事相接, 必於當日回謝. 少間當晉拜."

我曰: "謹當歸後恭竢也."

七月初八日, 大輔、公使兩人來館, 與兩堂上出接, 寒喧畢.

大輔曰: "貴使行期甚促, 其間事務恐難句當. 雖明日, 宜卽商定也."

我曰: "再明當見貴省卿, 爾後言之未晚."

大輔曰: "書契中定稅事已覽矣. 我言與省卿無異. 我言亦非獨見, 卽
政府之意也. 與我商確無妨."

我曰: "大輔與卿無異, 固所稔悉, 而此行只因貴公使課年遠辱, 特此回
議, 非專爲定稅一事也. 然第當商議."

大輔曰: "收稅事, 貴政府言之, 我政府敢不奉之. 今日言之, 明日卽
行. 貴政府果有擬定稅額以來者否?"

我曰: "我政府非不欲擬定稅額. 然本國從未通外國, 不詳商務. 今行
只得貴政府見許, 俺當歸告政府. 稅額細節, 可令地方官同領事官
商酌安定爲穩."

大輔曰: "是莫不然. 此事關係甚重. 非兩政府協議不可, 領事官何敢
任之."

---

3 晤 : 저본에는 '唔'로 되어 있다. 용례에 의거하여 수정하였다.

我曰: "非謂領事官自主義立, 只要參酌商民利害。兩政府更須將此協
　　議。"

大輔曰: "此則固當。今番貴政府若有議額, 我政府當准各國通例, 稅之
　　重者平之, 務歸允當, 而今行旣未歸正, 則當更以此孤使專來。或
　　於公使去時安定無妨, 貴政府之初無擬額甚慨然。"

<u>花房</u>曰: "昨年俺以此事, 已有書翰備陳, 而此行之稅額未正, 果爲慨然。"

我曰: "昨年公使書翰, 俺亦聞知。今此貴言之慨然云者, 寔出於相愛之
　　理, 還大感也。且本使書生未諳商務, 雖不敢擔夯安辦, 而貴省如
　　有指陳, 當以此歸稟協立, 不至更孤專使。各國商務素所未知, 第
　　本國自古動遵<u>中國</u>。近見貴國與<u>淸國</u>通商規則, 若得一準此例, 稅
　　額可不勞而定矣。"

大輔曰: "<u>淸國</u>則我國通商不止一處, 物情各殊。其例未可遵也。"

我曰: "國土旣殊, 物價不同, 固所知之。非欲一物之稅銖兩必同。如百
　　分抽幾分之法, 可以仿行。"

大輔曰: "如欲收稅, 則非但稅額, 海關當有立規。<u>花房</u>公使頻往貴國,
　　且嫻商務, 使臣不須親自講確, 只遣隨員私議似好。"

我曰: "<u>花房</u>年年奉使於我國, 親分自別, 且通曉事情, 必當善爲指示以
　　圖兩便。第遣隨員往議矣。"

大輔曰: "此事只可與公使私議, 我政府及本省不當立論也。"

我曰: "此言甚當。公使私議可以成草案, 歸稟我朝廷。若貴政府貴省
　　之存嫌, 果爲得體。"

大輔曰: "我國近日盡得富强之術。願貴國亦事富强, 則商務興旺, 是所
　　深望。近日宇內形勢, 以<u>日本</u>之力, 無以獨自抵當。齒脣輔車, 惟欲
　　與貴國同心同力, 軍務器械隨處相師, 無至見笑於<u>歐羅巴</u>也。"

我曰: "貴國盛意之如此, 我國家我政府早已知之, 感謝無已。然我國疆
　　土僻在一隅, 西有<u>淸國</u>、東有貴國, 外他各國初未接境往來。以故

朝野人心只守舊規, 現今事勢有所未易行也。"

七月九日, 外務大書記宮本少一來館中晤[4]談。

彼曰: "使事竣完, 自當費日, 乘間出遊避暑爲望。弊居在城外, 頗有林
園之趣, 幸一光臨。"

我曰: "盛意可感。竣事前不得閒出, 國規卽然。第當臨行, 一造爲謝。"

彼曰: "外務卿昨果還第, 明欲接見耶?"

我曰: "明當往訪。"

彼曰: "明日卽日曜日, 官民皆休業, 如無急幹, 詳探圖之恐宜。"

我曰: "然則再明亦不妨。奉探示之。"

彼曰: "近日國使於所到之國訪各部院, 仍與駐京各公使往來。雖兩國
搆兵, 使臣無碍相從, 乃公法也。貴國尙未通各國, 想不欲行此例,
而清國公使則相見爲好。若日後見枉時清使在座, 不以爲否。"

我曰: "貴言曲盡事情, 使俺自爲之言, 無以加此甚感。各國使雖不可
見, 清國公使當往復相訪計耳。"

彼曰: "清國與俄國有事, 或已聞知否?"

我曰: "入貴境, 從新聞紙見之, 而未之詳也。"

彼曰: "我國知貴國獨立之邦, 而歐人則謂貴國爲淸國附庸, 以爲俄欲
先窺清之藩籬嘗向貴國云。是切仰悶。又聞俄人治兵艦於黑龍江,
將轉向東北海云。我國於元山設新港, 而此爲其衝, 尤爲隱憂。"

我曰: "□□□□□□□□□□□□國爲之遮護, 未曾與外□□□□□
□□□□□□□。我國與清朝情義雖同一國, 然疆土各殊, 政教自
主。歐人之說大不然。貴國須將此辨明。外國事機, 隨聞先示爲望。"

彼曰: "新聞紙所傳雖多不可信, 然見之可悉天下事機。若自釜山把長

---

4 晤 : 저본에는 '唔'로 되어 있다. 용례에 의거하여 수정하였다.

崎地方, 則《上海公報》可以繼聞, 而一年所費亦甚廉矣。"

七月初十日, 公使花房義質來館問答。

彼曰："俄國事來時已聞知否。因伊犂一事崇厚被罪。兩國方治兵, 聞
　　更遣使。未知如何辦事, 而邊釁從此啓矣。"

我曰："崇厚事從北京使行回聞之, 其後果已遣使否?"[5]

"(…) 一至外務省談辦爲好。稅案亦當有貢愚處。"

我曰："多少指導爲幸。外務省當一往面商。貴國各港規則, 幸一投
　　示。近聞貴國議改稅則。此事若歸正, 本國亦照此例協安甚望。"

彼曰："十年來已議改約, 未究竟。大約明年可定。貴言之欲用此例, 固無
　　怪。然各國事情不同, 蓋通商之始務要開通, 到得幾年可行此例。"

我曰："作事慮始。若使貴國定稅早行此例, 免致十年議改之難矣。向
　　呈稅稿本非朝廷命意, 本使只按中 東和約法, 值百抽五。若以此歸
　　報, 則我朝廷必曰'他國百抽三十, 而此爲六分之一, 輕重天淵'。本
　　使被罪不足論, 稅事必無協定之日, 兩國議信因此未孚。是本使之
　　所大懼也, 非爲區區利害而然也。"

彼曰："我雖有損, 苟利於貴國, 朝論欲行之, 故不徵貴貨之稅。"

我曰："我貨之不徵稅, 若使我商民來此, 宜其知感, 而我商初不來, 有
　　誰知之。大抵朝野之論, 疑端未豁, 所以事事掣碍。爲貴國計務盡
　　公允, 使我國曉然知有益, 然後交隣益親矣。"

彼曰："商稅之法, 徐觀其貨盛衰參定, 本非混擧百貨硬配稅額。以故數
　　年貿易可停當。"

我曰："此事當於外務省面陳, 而幸爲我先誦。"

彼曰："俺隨機周旋。"又曰："西港事, 我國必欲以仁川爲定, 未知貴朝

5　이 부분 다음에 결락된 장이 있다.

廷一向牢拒耶."

我曰: "仁川事, 朝議與前無異, 不須更論. 我國旣以喬桐、南陽爲言,
初非圻沿之不許也. 今若於兩處中指定港口, 似無不可, 然開港則
不可不待七八年. 圻沿民心, 無以一朝頓定. 且今元山港事, 草刱
築埔費鉅, 此際左右議港, 萬無其策. 更待元山北港興旺, 稅額協
定後圖之, 自然年期已屆."

彼無答仍曰: "錄示米穀事, 書契中旣不明言. 且閣下向於大輔相接時,
問使何幹, 答以只爲報聘, 別幅有定稅一事而已. 今忽有此錄示,
外務諸公不能無疑. 且公使居間, 殊爲難便."

我曰: "米穀非別事, 卽稅稿中一件. 且我國從未有許通米穀, 與中間改
約自不同."

彼曰: "米穀不通, 我商民何以爲粮."

我曰: "只禁出洋商販. 開港處粮米, 初無苟碍."

彼曰: "有無相資, 米穀爲重. 何可一切禁防耶?"

我曰: "我國惟三南産穀, 餘五道仰其轉運, 尙患不足. 若滲洩不止, 擧
國坐困. 安得不嚴防."

彼曰: "往在丙子俺住釜山, 洪公爲府伯. 俺言'慘荒如此, 我當運米賑
饑'. 洪公答以有政府公文然後可議, 故俺卽歸告政府, 辦米二萬
石. 日待公文, 仍無影響而置之. 明年俺往貴京城, 洪公爲講修官,
故擧言此事, 極歎災民之不見賑捄也."

我曰: "是時俺在外任, 未及詳聞."

彼曰: "海關規則, 俺已屢陳, 而貴國專採用, 不似之人主管海關, 何以
檢查. 以米穀言之, 船貨出入, 必有員丁上船斜察, 則豈有不知之
理乎? 錄示中'潛輸'二字, 不諒之甚."

我曰: "不由海關之弊亦多. 非潛而何."

彼曰: "米穀必欲禁防, 則將有言端. '得輸出入'四字何謂?"

我曰: "本文何不詳究。丙子我政府錄送有'米穀不可交易'一條。通商章
　　程第六則曰'港口留住人民粮米, 得輸出入', 粮米外不許出入可知。
　　若使易地, 必以背約執言。況中東和約明有'米穀違禁'一條。又《初
　　使泰西記》淸使與俄人談辦禁米, 俄亦不敢詰矣。"
彼曰: "近日則我國與淸國皆不禁米穀。"
我曰: "是不然。我國亦有船駛海。豊歉貿易出入相償, 則雖不禁可
　　也。今則惟有漏危, 補罅無術。安得不禁也。"

二十六日, 往外務省, 井上馨、花房義質出接。公幹。
我曰: "稅則擬稿送示公使。念間始面議, 仍卽馳書以卄三。"[6]
"(…) 若曰無關, 則日後俺又出去。六曹判書, 當不更見耶?"
我曰: "此是已行之事。豈其然耶。"
彼曰: "俺言盡矣, 無以更陳請。徐徐更思之。"
我曰: "第更思之。然只見三大臣好矣。稅則事方圖出草, 當送覽。米穀
　　事亦有相議, 隨處指示爲望。"
彼曰: "當如敎矣。貴國不知稅關規例可悶。俺曾送呈稅務冊子于萊府,
　　何不採施。貴國義州稅法果何如?"
我曰: "義州稅法非與他國通商。只於邊門徵稅於我人, 輕重間執不從
　　耶。貴國各港稅則, 幸一投示。"
彼曰: "當圖覓呈。義州稅冊昨年欲得一, 講修官已見許, 而尙不送示。"
我曰: "來時洪公病未相別。以故未及相聞。"

八月初三日, 往外務卿井上馨家。花房義質、宮本小一、三等出仕鹽
田三郎、二等書記三宮義胤[7]亦在坐。

---

6 이 부분 다음에 결락된 장이 있다.

彼曰: "聞旌節明日啓行, 略設午饍相邀。切有一言仰陳, 而多犯忌諱, 幸勿見罪。"

我曰: "開懷直攄, 高義可感。"

彼曰: "宇內大勢, 向已言之, 萬萬迫急。此又相告, 因披展地球全國指示。魯西亞幅員曰其國都在歐羅巴界, 而中亞細亞地方有一大都會。近又於圖們江海口設重鎭名市。埠有軍艦十六艘, 每艘海軍可三千餘名。此地與貴國北邊切近。其意蓋欲由貴國東南海, 轉登中國 山東省海岸, 直入北京。若於山東海岸頓兵, 其對岸卽貴國地方, 能保其無事乎。近日各國搆兵, 必先入京城, 然後可以辦事。魯國若由西北路, 則距北京甚遠, 必由海路乃捷。果與中國尋事, 則貴國與我國同被其害。俺之爲此懇迫, 非爲貴國, 實爲我國事也。"

我曰: "見示極感。中國與魯國有釁, 固已略聞, 而至於圖們江治兵事, 我國漠未聞知。大爲憂悶。"

彼曰: "坐中大書記昨自德國回來。於意大理地方遇魯國海軍卿, 與之同舟, 至中國 上海地始分路, 而將爲運煤更來長崎島云。舟中察其動靜, 爲憂甚急。中國事幸而善了, 不至速發。若天氣稍冷, 北地海氷, 軍艦不可安頓, 則必迤南覓一海岸寄住。如貴國釜山港最可慮, 以其向中國從便故也。此時貴國兵力可以禦彼耶? 魯人據此處, 則我國之憂更切。此將奈何。"

我曰: "我國雖與魯國接疆, 從未相通。惟於貴國親睦, 有事時望其相護也。"

彼曰: "萬國之法, 隣國相爭則惟有中立而已。況我自救不贍耶。今年各國若美若法若英一時並湊此, 其何故也。魯若得志於亞細亞, 勢益强大, 則歐羅巴各國皆將受制於彼, 無以自立。爲是之慮, 欲與貴國合從。若各國與之修好, 則他日魯不敢無故侵犯矣。"

---

7 胤 : 저본에는 '徹'로 되어 있다. 실제 인명에 의거하여 수정하였다.

我曰: "我國未曾通西洋各國, 此等事情何由知之。第當將此曲折歸稟
　　朝廷矣。"

彼曰: "閣下雖歸告貴朝廷, 必無見聽之理。雖知其然, 俺安得不忠告
　　耶。西洋各國則只欲先修好而已, 亦不必急急通商。見今爲貴國
　　計, 兵械不必學。惟速遣幾人來住此間, 詳究各國交際事情爲第一
　　急務。幸勿泛忽至望。"

彼曰: "閣下雖歸告貴政府, 必無見聽之理。雖知其然, 俺安得不忠告
　　耶。若復安其危利其災而不以爲意, 則亦不敢更言也。"

我曰: "朝廷命意, 雖未敢預知, 敢不一一詳稟。"

彼曰: "禮曹原書契外, 更將各國事, 裁一另函以呈。"

我曰: "當以貴意傳致。"

八月初四日, 臨發外務卿來別。

彼曰: "公使四月已受戒行, 聞遣使辱臨, 所以遲遲。當於十餘日後發
　　送。"

我曰: "貴使之來, 我豈欲拒之。第此行九月初可復命。將多少事情, 稟
　　知朝廷, 爛加商確, 更費一兩月。公使之行, 量此緩期爲安。若於十
　　餘日卽發, 則抵我京城, 反在此行之前。事事多碍, 何不諒之。且凡
　　事旣有領事官, 何至更煩公使耶?"

彼曰: "公使所辦, 領事何敢當之。職分自不同耳。行期進退, 當更思
　　矣。"

我曰: "公幹時務要誠意相孚。不可動武碍難。此意須囑于公使去時爲
　　好。論事得如公之痛快, 則我國人孰不曉之。"

彼曰: "若得事情相通, 則復何憾焉。我雖直陳貴國, 全然不悟, 致令嫁
　　禍於隣國, 到此時安得使我無言耶。"

我曰: "苟以眞情, 我國豈不悟耶。"

彼曰: "向以<u>米國</u>事有書契, 而亦不見聽. 從此俺不欲隨事相告."

我曰: "外務盛意, 我國已知之. 若非外務書契, 則答書必不如是委曲也."

<u>花房義質</u>同乘火輪車, 送至<u>橫濱</u>. 我於車中謂彼曰: "適玆外務卿來別, 言及公使出來事, 故俺囑以更思緩期, 伊亦以爲然, 外務卿見公使, 想當先言此事, 公使須與之更商退定爲好. 若公行太遽, 則事多難處, 公應諒之."

彼曰: "如是見敎甚感."

我曰: "聞公使陞辨理云. 日後來時將帶國書耶? 丙子理事官來時, 以兩國孤使勿帶國書爲約. 今何可違. 若以秩高體面自別, 則以愚見帶政府書契, 似稍勝耶."

彼曰: "外務書契卽政府命意也. 我國之論修好今已多年. 兩國君上可以通書益敦親. 誼書契當用<u>大淸國</u>往復格式矣."

我曰: "若使他國言之, 當以不帶國書爲欠, 而我國規式自來不然. 此則公使應詳知之. 且旣有前約, 今不與更議而遽可違之, 非道理也. 此事俄對外務卿, 臨發忙迫, 不及說明. 望公使將此意歸議. 日後須只帶外務書契以來. 再作[8]商量爲好爲好."

彼曰: "第以貴言歸議也."

---

8 作 : 저본에는 '昨'으로 되어 있다. 문맥에 의거하여 수정하였다.

三月初四日

議政府爲相考事, 節啓下敎。府啓辭: "日本公使課歲專來矣, 其在交隣之誼, 宜有回謝之擧。修信使令該曹差送, 而起程日子從當擇定, 先以此意通報館中事, 分付東萊府使處何如。" 答曰允事, 傳敎敎是置, 傳敎內辭意, 奉審施行向事。【二月初十日】

四月十二日館中往復

逕啓者。我政府命通政大夫前任承政院同副承旨金弘集爲修信使, 將匪久登程, 凡係條例, 不可不預先講約, 另具別柬, 玆以通報。惟貴下照亮書示。敬具。

　年月日　東萊府伯沈東臣

別柬

一。我國船隻, 未暇營造, 貴國船隻, 不可仍又煩。　請將以朔船賃騎往來, 恐合便宜, 必有貴官指揮, 然後可無窒碍。　其如船賃多少, 必有打量書示, 可以停當。

一。旅館先爲指定, 其容入經費, 亦爲斟酌書示。

一。丙子已例, 則貴國舌官十餘人同騎, 今不可如是煩。　請浦瀨裕中野許太郎數人、生徒數人、下代數人使之同騎。

一。上船日子、隨員數, 交待我政府知委, 更當通報。

十八日來書

照回者。貴政府特命通政大夫前任承政院同副承旨金○○爲修信使, 將匪久登程, 凡係條例, 預先講約云云, 敬承貴意。因先命三菱會社, 以汽船賃騎之事, 同社理事川淵正幹有所上答如別單。其他旅館等事項, 別錄呈覽, 希統亮焉。敬具。

明治十三年五月廿五日　領事近藤眞鋤

一。旅館之事, 想我政府旣有所設置, 如其經費, 貴使抵東京時, 直就伴
　　接官員議之, 必有兩便之法。

一。舌官浦瀨裕、中野同騎之事, 宜副貴諭, 而下代同騎, 使任官等掌
　　之。【我汽船貫劾丸, 以六月廿五日來, 廿八日揚錨, 卽貴曆五月十一日。上船日
　　子, 以此期定, 則事極便宜, 宂費亦省】

一。郵船貫劾丸定規航海之際의 釜山서 神戶까지 片道直直線으로 貸用
　　시기고 該費가 我國貨二千圓也라

一。郵船을 臨時띠 스로이 神戶의셔 釜山싯지 直線으로 貸用往之ᄒ면
　　該費가 我國貨四千圓也ㅣ라

一。釜山浦止泊日數 到港日부터 出港日싯지 五日을 限ᄒ여 其時模樣으
　　로 日限을 너무면 그 日數을 헤아려 碇泊浮費가 一日의 我國貨爲五
　　千圓式이라

右金額은 都是 釜山浦의셔 밧은지라

一。郵船貸用을 決定되면 所約書을 附與ᄒ오시며

右件記事는 므릇시며 對答ᄒ나니다

明治十三年五月廿四日　釜山港郵便汽船三菱會社 川淵正幹

四月二十八日往復館中

逕啓者。修信使起程日子在於我曆二十八日, 發船日子在於六月廿五
日事知委, 今才來到, 兹以通報, 以此照亮焉。

五月初二日禮曹關

禮曹爲相考事, 節啓下敎。今此修信使起程五月二十八日, 乘船六月
二十五日午時挺擇事, 及使臣隨率官隸, 令東萊府定送, 一行廚房所需

物種, 亦令東萊府措備以送事, 啓下爲有置, 啓下內辭意, 奉審施行向
事。四月日

六月十五日啓草

臣與一行所率本月十五日到東萊府是白乎等以緣由, 馳啓爲白臥乎事。

書契草

大朝鮮國禮曹判書尹滋承呈書大日本國外務卿井上馨閣下。
謹玆照會者。 貴國公使屢涉敝境, 隣好甚摯, 我政府稟旨派遣禮曹參
議金弘集前往, 庸寓回謝之誼, 弘集奉命開陳, 且有別錄, 庶幾照亮。
繼祈貴國泰和、台候增禧。 敬具。
　庚辰年五月日 禮曹判書尹滋承

別錄

釜山港口收稅, 曩以數年限免者, 寔出一時權宜, 則趁今徵課無容更
緩。凡係條例講議協立, 庸附章程幸甚。

禮單

虎皮三令 豹皮六令 靑鼠皮十五張 彩墨十五同 各色筆二百五十柄 鏡
光紙十五束 色摺扇一百把 雪漢緞三疋 彩花席十五張 黃蜜二十一斤
色詩箋二十五軸 白細木綿二十五疋 白綿紬二十疋 白細苧布二十五
疋 白木綿二十五疋 白苧布十五疋

私禮單

虎皮三令 色摺扇六十把 白綿紙五十束 眞梳二十同 彩墨十五同 豹皮
三張 色圓扇六十把 色筆二百柄 白綿紬二十疋 白木綿六十疋 白苧布

三十五疋

行中禮單
細苧十九疋 細木二十四疋 綿紬九疋 白綿紙十七束 色筆二百十五柄
眞梳一百五十五箇 白苧布十七疋 白木四十疋 色紙九束 色扇六十五
柄 眞墨一百九十五笏

五月初二日
議政府爲相考事。 今番信使行具之凡係過濫者一切蠲除, 騶率名色隨
宜裁減是如乎, 接應之節依他別星例施行是遣, 沿路支供, 務從省約,
各邑出站與卜定, 一款竝勿擧論。 如或有憑藉之敝, 隨其入聞, 非但屬
輩之照法嚴繩, 失察之責, 營邑攸同看意擧行, 免抵重究, 宜當向事。

五月十八日
議政府爲相考事。 見今信使行期漸近, 凡係需用茫無涯畔, 言念事勢
極涉憂悶, 而辦察官玄昔運, 錢四萬兩中二萬兩, 自京已有換劃, 其餘
二萬兩, 自巡營已爲拮据, 于本府是喩, 此則入用於賃船之費是遣, 安
東晙收刷條, 自左水營防報於武所矣。 使行乾粮及各項排用, 不可不
亟速措辦, 就道內公納中, 毋論某樣錢, 隨所用區劃之意, 今方發關知
委於本道巡營是如乎, 以此知悉擧行, 宜當向事。

五月二十七日
武衛所爲相考事。今此修信使所騎船貿所次, 就戊寅條詳定代錢中一萬
兩劃送, 俾爲從速離發之地, 宜當向事。 賃騎火輪船一隻, 銀七千圓。

海神祭文

海四於坤, 維東爲特。靈床汪濊, 奠我宗國。位崇澤溥, 秩禮不忒。滋
步恬羣, 濤瀧怗息。冥隲攸泊, 繄誰之功。我有隣交, 于彼和東。奧昔
中葉, 簡書肇通。逮夫丙子, 講信圖終。顧玆不材, 猥膺特命。龍節豹
韜, 王靈是敬。義不辭險, 矧矣修聘。夙戒行李, 薄于邊境。諏日理艦,
何慄何疑。於赫囧神, 實際慈施。王事慕重, 匪使于私。載迅載疾, 若
箭斯馳。不震不驚, 安于几席。飅颷晏送, 瘴霧軒闢。星言啓櫂, 弭節
于久。紓謀柔遠, 國有成策。覃彼無渝, 疇敢嘖言。利往遄返, 咸結靈
恩。齋沐致虔, 脯牲香繁。庶垂顧祐, 歆我淸樽。

六月二十五日啓草

臣與一行所率到東萊府緣由, 已爲馳啓爲白有在果, 本月二十二日抵
到釜山鎭, 二十四日子時海神祭設行是白遣, 二十五日午時乘火輪船
離發爲白乎, 於渡海時上下人員名數, 玆以後錄馳啓爲白臥乎事。
　年月日　一議政府, 三軍府謄報, 巡營則本府謄報。

　堂上官: 折衝將軍李宗懋
　上判事: 前奉事金允善　前訓導卜鍾夒
　別遣漢學堂上: 崇祿大夫李容肅
　軍官: 前中軍尹雄烈　前郎廳崔元榮
　書記: 司憲府監察李祖淵　前郎廳姜瑋
　伴倘: 前郎廳池錫永　金順哲
　別軍官: 前縣監金箕斗　出身尙稷鉉　閒良林泰慶
　鄕書記: 吳麟燮　朴祥植
　通事: 朴琪淙　朴仁淳　河奇允
　行中庫直: 張漢錫

使奴子: <u>翌煥</u> <u>壽榮</u>

節鉞手: <u>陳業伊</u> <u>申快辰</u>

日傘軍: <u>韓辰伊</u>

刀尺: <u>奴學用</u> <u>奴萬植</u>

廚方使喚: <u>金基洪</u> <u>田錫喜</u> <u>金順吉</u> <u>許用伊</u> <u>崔聖九</u> <u>崔萬春</u>

工匠三名 行中奴子十三名 轎軍六名

傳語官: <u>浦瀨裕</u> <u>住永辰安</u>

下代: <u>飯田</u> <u>梶山</u>

禮單贈給處

<u>兵庫縣令</u>【三疊紙五束 白木二疋 白綿紬二疋 白苧二疋 別摺扇十柄 眞墨十笏 竹篦
十同 色筆十枝】

<u>兵庫一等屬柳直太許郎</u>【白木一疋 白苧一疋 圓扇五柄 摺扇五柄 簡紙五十幅】

<u>外務卿井上馨處</u>【虎皮一令 豹皮一令 白綿紬三疋 白苧布五疋 白木綿十疋 色詩
箋三軸 色筆三十枝 彩墨三十笏 彩花席二立 圓扇十丙】

<u>外務大輔上野景範處</u>【豹皮一令 白綿紬三疋 白苧布三疋 白木綿五疋 色詩箋二
軸 色筆二十枝 彩墨二十笏 彩花席二立 摺扇十丙】

<u>外務小輔芳川顯正處</u>【豹皮一令 白綿紬三疋 白苧布三疋 白木綿五疋 色詩箋二
軸 色筆二十枝 彩墨二十笏 摺扇十丙 彩花席二張】

<u>外務大書記宮本小一處</u>【虎皮一令 雪漢緞一疋 白綿紬三疋 白苧布三疋 白木綿
五疋 色詩箋三軸 圓扇十丙 彩花席三張 眞梳二十箇】

<u>外務權大書記櫻田親義處</u>【豹皮一令 白綿紬二疋 白苧布三疋 白木綿五疋 色詩
箋二軸 色筆十枝 彩墨十笏 摺扇十丙】

<u>辨理公使花房義質處</u>【虎皮一令 白綿紬三疋 白苧布三疋 白木綿十疋 黃蜜十斤
色筆三十枝 彩墨三十笏 圓扇十丙 彩花席五張】

<u>舊馬島主宗重正</u>【虎皮一令 白綿紬三疋 白苧布五疋 白木綿五疋 色詩箋三軸 色

筆三十枝 色墨十笏 眞梳十箇 摺扇十柄 圓扇十柄】

大藏卿【虎皮一令 雪漢緞一疋 白木綿三疋 鏡光紙三束 摺扇十柄 眞梳二十箇 白苧布二疋】

工部卿【虎皮一令 雪漢緞一疋 鏡光紙三軸 摺扇十柄 眞梳二十箇 白苧布三疋 白木綿二疋】

大書記渡邊洪基處【綿紬二疋 苧布二疋 木綿三疋 詩箋二軸 墨十笏 筆十枝 摺扇五柄】

內務卿【豹皮一令 綿紬二疋 苧布二疋 木綿三疋 筆十枝 墨十笏 眞梳十箇】

海軍卿【豹皮一令 白綿紬二疋 苧布二疋 木綿三疋 詩箋二軸 筆十枝 墨十笏】

陸軍卿【豹皮一令 白綿紬二疋 苧布二疋 木綿三疋 詩箋二軸 摺扇三柄 眞梳十箇】

裕作【苧布二疋 白木二疋 白綿紙二束 色筆十枝 墨十笏 摺扇五柄 眞梳十箇】

浦瀨【白綿紬二疋 苧布二疋 木綿三疋 白綿紙三束 筆三十枝 墨十笏 圓扇五柄】

住永【白綿紬二疋 苧布二疋 木綿三疋 白綿紙三束 筆三十枝 墨十笏 圓扇五柄】

河村滿次郎處【外務屬】【苧布一疋 木綿一疋 白綿紙二束 摺扇五柄 筆十枝 墨十笏】

協同 高須謙三【白綿紬一疋 苧布二疋 木綿三疋 白綿紙三束 筆三十枝 墨十笏 摺扇十柄】

協同 高洲【白綿紬一疋 苧布二疋 木綿三疋 白綿紙三束 色筆十枝 墨十笏 摺扇十柄】

協同 梶山新介【白綿紬一疋 苧布二疋 木綿三疋 白綿紙三束 色筆十枝 墨十笏 摺扇十柄】

迎接外務一等屬遠藤岩雄【白綿紬一疋 木綿二疋 白綿紙三束 華布二疋 摺扇五柄 眞梳五箇】

迎接外務十等屬太田芳也 原吉也, 外務一等外一等田知信定 森鎭義, 合四人【各苧布二疋 白綿紙二束 摺扇五柄 眞梳五箇】

外務下代四名, 協同下代二名, 合使喚六名【各木綿一疋 摺扇三柄 眞梳五箇】

答書契

玆ニ庚辰年五月ノ來函ヲ接ヘ候ニ我政府禮曹參議金弘集ヲ派遣シ庸
テ回謝ノ義ヲ寓披スト有之被閱ノ下深ク貴政府親睦ヲ重伸セテル▨意
ヲ感ル金使溫恭精覈ヘシナ事體ヘ通曉テ善ク兩國ノ歡ヲ洽セテシ良ニ
敬ス可ク存候別錄收稅ノ事ハ曾テ明治十二年七月代理公使花房義質
ヨリ沈判書ヘ照會セ▨書ニ於テ備悉▨シテレハ兩國隨時ヘ會同訂立立
致スハキ義ヘ有之今復シテ此意コト以テ該使ヘ面商置候其回旌後必
ス陳述有之炳照可拜成存候玆ヘ

譯漢文

玆接庚辰年五月間來函, 以"我政府派遣禮曹參議金弘集, 庸寓回謝之
義." 披閱之下, 深感貴政府重申親睦之意。金使溫恭精覈, 通曉事體,
善洽兩國之歡, 良可敬也。 至別錄收稅事, 宜曾於明治十二年七月代
理公使花房義質照會貴國沈判書文內備悉, 兩國可以隨時會同訂立。
今復以此意面商於該使。其回旌後, 想必有所陳述, 庶可炳照。玆祈貴
國康寧, 竝頌台祉。敬具。

　明治十三年九月日

別

敬啓。曩者美國使船欲通信於貴國, 托我政府代遞文件, 今準元封見
却, 卽據情節還美使矣。 因思方今海國大小交友, 各立主權, 強隣有
鬪。居另局外, 以禦侵暴, 所以獨鎖國門絶交友者幾希。 請觀淸有强
隣, 耽彼東省, 已非一日頃者。中 俄輵轕, 事勢日益迫切, 殆將干戈相
見, 於我兩國所關甚鉅, 坐不安席。如若一朝失利, 則我兩國終被餘害,
而貴國自被門戶, 以爲守局外者, 恐非易易。玆所望於貴國者, 將來有
外人至, 彼能心存溫和以禮求交, 宜當無分畛域, 輒相與之以圖。綢繆

未雨, 然則便益處多。國以咸寧, 非啻我兩國幸甚也。臨金使行, 爲之
忠告, 陳述詳盡, 惟冀其歸國後, 貴政府勉力開辦耳。耑此佈悃, 順頌
時祺。

　　明治十三年九月七日　大日本國外務卿井上馨印

　　大朝鮮國禮曹判書尹滋承閤下

書柬往復

外務卿井上馨閤下　修信使金弘集

伏惟暑雨, 台體崇祺, 區區祈頌。弘集銜命涉海, 適有薪憂, 未卽躬晉,
歉悚何極。明日謹當趁詣貴省, 傳呈書契。先此仰聞, 諒會是幸。伏希
崇裁。

　　七月初七日金弘集

外務大輔來書

承示貴使明日來見我外務卿, 而卿適出外不在, 本官應相接書契。望
期午前十一時, 在本省俟之也。敬覆。

外務卿來書

以書簡致啓上候陳ハ貴下今般修信使トシテ銜來着ノ趣我皇帝陛下イ
及奏聞候處滿念ヘ被思召候　依テ特別ノ叡思ヲ以貴下イ內謁見可被仰
付旨被仰出候條來☒八月三十日午前十一時赤坂假皇居ノ御參

聞見

近日日本人士憤亞細亞之不振歐羅巴之恣橫, 無論貴賤共會一社名興
亞會, 中國公使及名士皆與焉。其會長名伊達宗城, 卽昔年中東和約

定稅時全權大臣云也, 欲與我國幷會云。

右大臣岩倉具視者, 卽前年薩摩人西鄕隆盛欲侵我國時, 倡義袒護, 至於被刺得生云。

大藏卿佐野常民、參議伊藤博文, 亦爲我國主論者也。數次來訪, 具言俄羅斯急切之機云。

俄羅斯近日於圖們江海口, 置軍艦十六艘, 每艘有三千餘兵。設海軍卿領之, 將欲由我北道海口, 折之東南, 轉入中國 山東省海岸, 直犯中國, 以斷朝鮮 日本之路。是淸公使及日本人爲念切切, 而如西洋之英・德・法、東洋之美國皆畏俄, 如六國之畏秦, 方圖合從而擯之。至若商稅利害, 猶可餘事云。

日本公使派往各國常住, 有朝官及人士非公事而亦往遊, 以察其動靜者, 天下形勢, 皦然可知。近設語學, 廣敎各國言語, 我國語學亦有之。蓋不通言語, 則無以識事機應變。諸人皆以公使來住及遣人語學二事苦懇云。

庚辰八月十二日啓草

本年六月二十五日自釜山浦發船之由, 已爲馳啓爲白有果, 二十六日戌時止泊於山口縣 赤馬關八百里下陸留宿, 二十七日夜時發船, 二十九日巳時泊兵庫縣 神戶港一千一百六十里。船小不能駛大洋, 爲待大船之來, 留旅館五日, 七月初四日戌刻換乘大船, 初六日卯刻止泊神奈川縣 橫濱一千八百里下陸是白乎, 則自外務省委送權大書記官櫻田親義、屬官山之城[9]祐長・石幡貞等迎接。同日乘火輪車, 前進九十五里, 則江戶城外本願寺, 仍爲住接, 外務小輔芳川顯正、辨理公使花房義質來見是白遣。初八日巳時臣與正官等詣外務省, 外務卿井上馨在

---

9 城 : 저본에는 '省'으로 되어 있다. 실제 인명에 의거하여 수정하였다.

外, 大輔上野景範、小輔芳川顯正、公使花房義質、權大書記櫻田親義等處, 所齎書契一度傳致爲白乎。於同月二十七日, 太政大臣三條實美、右大臣岩倉具視及外務卿以下, 設宴於遠遼館。臣與譯[10]官, 私禮單應給之處, 量宜分給是白乎。於八月初三日, 外務省回答書契一度、別書契一度, 領付任譯使之齎去是白遣。初四日自江戶離發, 十一日戌時還泊釜山鎮是白乎等以緣由, 并只馳啓爲白臥乎事是良尒, 詮次善啓, 向敎是事。

　光緖六年八月十二日

　到府狀啓 銜通政大夫行禮曹參議兼修信使金

　回還狀啓 銜回還修信使副護軍金

別單草[11]

臣於本年五月二十八日辭陛, 六月二十五日自釜山浦賃乘協同商社船千歲九, 二十六日丑時離發, 同日戌刻到赤馬關, 二十七日亥刻行船, 二十九日巳刻泊神戶港。船小不能駛大洋, 爲待大船之來, 留旅館五日, 七月初四日戌刻換乘和歌浦丸。初六日卯刻泊神戶留五日, 初八日亥時換乘千歲丸, 十一日戌刻還泊釜山浦。計往回道里, 水路七千三百二十里, 陸路一百九十里是乎。所謹掇拾經歷聞見, 庸備乙覽是白齊。

　釜山至赤關, 羅針指巽巳, 海路頗險, 我人呼爲水宗。赤關 神戶之間爲內港, 南北峽勢, 綿連島嶼星羅, 華人以爲極似吳越江行光景。由神戶東南出峽外, 至遠江州境, 天水相接, 四望無際, 風定浪恬之時, 尙震

盪靡定, 卽所謂太平洋也。自此復折而東北抵橫濱, 丙子以前信行未
嘗過此。彼言立春前二百日後數十日間, 風濤最怕, 輪船亦難行云, 而
往還時風日俱佳, 無事利涉, 此莫非王靈攸曁是白齊。

始至之三日, 往外務省傳書契, 外務卿井上馨在外, 聞日間當還。大
輔上野景範爲言其國主當引見, 又言各部長官有往見之禮, 故以我使
所未行拒之。公使花房義質又特來, 苦勸曰"淸使亦行之 若不見許, 將
於交隣大有妨碍"。多日相持, 不卽應之, 下船宴亦無動靜。因此疏節
來侮生釁, 殊非得中, 故於七月十六日先拜孔廟, 轉訪淸公使。其翌日
偕花房歷見三大臣、參議及各部卿, 皆卽來謝。幾處游歷, 亦時勉行。
至二十五日其國主引見, 二十六日外務省公幹, 二十七日延遼館設宴,
而後乃可還發, 而輪船之行自有定日, 不得不遲待, 致此淹留, 極爲悚
惶是白齊。

定稅事, 彼先問稅則擬定以來與否, 故答以只得兩政府議協, 可令地
方官同領事官商酌定之云爾, 則彼曰此事至重, 兵端所由起, 雖使臣非
委任專權則不可云, 故答以第依中 東和約擬一草案而歸爲答。仍問出
入貨時價於萊府通詞輩, 用値百抽五例, 草成稅稿, 私示公使, 而未及
面議。因淸公使聞日人方議改約增稅百抽三十, 而各國姑未見許之由,
仍秘錄其規例冊子以示, 故見花房而言曰"前稿初非定本, 待貴國改約
事成, 我亦當准此例"。後於外務省公幹, 亦如前言, 彼未敢顯拒, 而以
我未曉商務, 而遽欲重稅, 只滋爭端, 不如姑先輕收, 數年稍熟後, 惟意
改增未晚, 米穀事亦似爲一切禁防, 不如重稅而抑之云。以此重事, 實
難擅斷, 以歸稟更議爲定。淸使亦曰"此不須遽定, 所收多少亦不足計,
惟有將條約, 不失自主之權爲第一要務"云是白齊。

開港駐京等事, 初無公席發端, 花房義質只一次私問仁川事朝議如
前與否而已。及至發行日, 外務卿來別, 仍言公使十餘日後出去, 故答
以"使行九月初復命, 備奏事機, 朝廷爛確, 又費一二個月, 公使之行,

量此少緩爲安". 彼曰當更商. 及至橫濱, 見公使爲誦前言, 仍語"公使
旣陞辨理, 當帶國書否? 丙子旣以不帶國書爲約, 日後亦只將外務書契
以來爲安"云, 則彼亦頗以爲然是白齊.

　俄羅斯近日於圖們江海口, 置軍艦十六艘, 每艘有兵三千餘名, 海軍
卿領之. 其意將欲由我國東南海, 轉向中國 山東省海岸, 直入北京
云. 以是淸使及日人, 僉以爲時日急切之憂, 扼腕噓唏. 近日《上海公
報》與日本新聞紙, 莫不以此講議, 以爲若果有事, 則我國與日本竝受
其害. 西洋各國亦皆畏俄如虎狼, 欲與宇內合從而擯之, 修好通商意
專在是云是白齊.

　日本公使派往各國常住, 亦有朝官非公事而往游, 以察其動靜者, 故
宇內形勢如比隣事. 江戶近設語學, 廣敎各國言語文字, 已有朝鮮學
校. 蓋以不識事機不通言語, 則無以應變以自保云. 日人近又私開一
社, 淸、日本及我三國同心同力, 無爲歐羅巴所侮云, 而外務省公幹之
日, 井上馨曰: "見今宇內情形日變一日. 貴國速派公使來此, 亦遣人學
言語." 此兩事必歸告政府, 懇懇不已. 淸公使亦以不可不遣使久住爲
言是白齊.

　沿海山勢, 環繞類多古秀, 無險峻雄拔之氣. 過駿河境, 遙望富士山
甚高, 七月初尙有雪痕, 其終年不消可知. 其南島聞有火山, 黑烟盤盤,
夜視有光, 相距不遠, 截然殊觀云. 江戶經線, 與我嶺南 蔚山、機張等
地相直, 天氣多熱, 回還時正當白露節, 而船中熏悶不可堪. 居人飮氷
多[12]於茶酒, 而冬不成氷, 皆自北海道輸來售買云. 頻雨卽晴, 罕有多
日成霖之時. 地多震, 數月輒有之, 聞十餘年有大震, 則屋舍人畜大被
損害是白齊.

　人物男女, 類多巧慧, 質柔而性偏, 罕見深沈雄偉者. 材武則以薩

---

12 氷多 : 저본에 "多氷"으로 되어 있고 순서 바꿈 표시가 있다.

摩、長門等州稱, 奉國主廢關白者, 此數處人爲多, 今幷列高官。年前
武將薩麻人西鄕隆盛議犯我國, 而今右大臣岩倉具視以爲不可, 西鄕
意不平, 煽其徒作亂, 與之相戰久, 乃討平云是白齊。

其國主古來徒擁虛器, 關白稱將家握重兵予奪自專, 殆爲三百年之
久矣。邇者二十年來, 强隣交逼, 大開互市, 憂時之士謂政令乖隔, 無
以自主而漫侮。乃倡尊主攘夷之論, 一二幹濟之材乘時制變, 强公室
杜私門, 擧積世流弊而更張之。易如手反, 時事轉移, 亦有自然之勢而
然歟。往時儀節多尙虛文, 尊卑懸絶, 上下否隔, 近則務從質高, 不飾
邊幅。太政官各部卿以下百執事, 逐日赴公辦事, 如治家之勤, 下午始
散衙歸家。其出行也, 官高者乘雙馬車而無騎從, 惟在將相之列者, 有
騎兵四五名露刃而衛之是白齊。

其國內外官職皆世襲。各州稱藩國, 明治初幷收其土, 而居之都
下。從其位品, 優給其祿, 而不任之祿事。乃合六十六州, 爲三十七縣,
縣置令, 如我國道伯, 秩滿而遞。用人惟才。有華族、士族、平民之族,
華族卽宗姓及舊藩臣之族云。昔時藩臣各君, 其民供賦無藝, 農民歲
收七入于公, 改制後減稅, 至十之三, 近又蠲之, 爲二分有奇。又通商
惠工, 凡厚生之方, 無又爲之, 故民無一遊食, 而日以繁盛云是白齊。

陸軍之制, 京外六鎭四十營, 常額三萬餘名。演武時坐作擊刺, 動中
師律, 是新抄敎鍊, 才爲四朔而已能如此。海軍有礮船二十四艘。蓋海
軍用英國制, 陸軍用法國制, 而陸軍當又改從阿蘭陀法云。其外有警卒
俗稱巡査, 分布閭里, 遊徼緝捕, 以故使客過時, 甚整肅無譁。或有爭鬪,
輒以送之法官。其刑法, 凡毆鬪爭訟必罰鍰, 其罪重者, 衣之赭衣, 役作
於公, 隨其犯而年限爲之久近, 以故犯之者少, 殆近古意是白齊。

凡敎習皆有學校, 如兵礮、舟車、測算、開礦、農桑、技藝等事。國
中大學區七, 中小之區不可勝計。使婦孺就而學之, 雖宗室及公卿子
女皆在焉。官以董之, 師以敎之, 作圖式與樣子, 目存而手揣之。學成

則送之諸局。每局或千餘人或累百人, 逐日執業, 勤敏不懈。其製造之局, 無不用機輪而爲之者。火輪之外, 又有水激磁吸而爲機輪者。至於舂米剉芻之類, 亦皆有其機用, 工省而收效速是白齊。

舊俗本皆精巧而好潔。民居多架木爲之, 四面涼楄, 鋪地以板, 加莞席而坐。室雖小必存隙地, 栽花竹養池魚, 間以山石點綴之。時掃滌, 不留微塵。男女均寬衣博袖, 而無褲褌, 不能深掩其體。足躡木屐, 只有底係一鉤足而已。近年國規悉從洋制, 屋則甎築鐵溜礧璃其牕, 服用氈裘革鞋。然自官府學校以外, 多用板屋舊式, 衣服亦然。雖朝士在家時輒着舊服, 其遺老逸民不得嚮用於世者, 尙有能譚經學, 硜硜然守舊俗不改者, 頗可尙是白齊。

其國一歲所收, 約五千萬金, 地租、關稅爲鉅。鐵道、電信、各局製造及舟車、牛馬, 皆有收入, 百戶不遺。然官吏月俸, 八百金至十二金不等, 加之養兵雇役日增月加, 外他官府經費甚博, 所出多於所入, 恒苦不繼。於是日造紙幣以當之, 然實多虛額, 浮於現在錢數, 故物價日以昂貴, 況西洋人去時, 必投紙幣換金錢而歸, 漏巵不塞, 詎爲其縫。大凡利必有害, 盛則有衰, 乃天道固然, 人力無以善其後是白齊。

東渡日史

동도일사

東渡日史

廿八日晴是日風靜波穩心甚喜之左右峯巒若近若遠
竹樹依二人家隱二是伊豫州兩屬云也船中僉計人近
藤勝之助其之語多可聽月具忘驚一詩曰軋端地軌限
西來逦迤相逢朝日紅萬里同卅情意孱一書知面姓名
通籌傳帷幄才應大尾附星船路歓駢後約分明奎港在
中秋新月滿簷旁漸向東滇迤望嵐氣蒼二如星羅碁置
此元安藝州境也記得馬關所吟曰東本來泊赤關津前
尊緇衣次茅因水閣紅燈明似畫街亭白道淨無塵通商
家貯江南寶供客盤硯海外珍狀良不殊言語異終能相
近來能觀船人德即者面慣常接持一丹示余乃乘國外

史感贈款語曰佳篇要我覧公亦讀書人萬里同舟意應

無可忘辰又指所見二物而為題曰板屋緣崖疑怪石布

帆浮海莘飛鳩此外奇観知不少為君要請輒相酬船長進

鴻饌乃併蘭之葡萄酒未利之快果皆絕品佳味也所経

左右山陵自下至頂儘以播起泰亞之屬蒼然供眺亦一

盡中景色而蓋島矣之穀黃不問可知也

廿九日晨兩朝晴巳刻到慎津州神戸港距赤関一千七

百里云也兵庫縣外務課長柳本真太郎大板屬官東原

宜蕭西京屬官氏山正中船上來慰引小艇登崖換來人

力車到數里許旅館是大商專海彌五郎家而近年新造

云也上屋冷爲十數拌高爲三層墻壁塗以青黃土恰若

彩箋上層猶有烟廚頃無滅氣後院築假山爲異木怪松

皆是新裁置一澾夫朝夕揚波不使柁軋下有石槽一卧

養紅鱗數百尾前階植一種剀鐵禾如楝樑之大甚奇偉

爲先進糖果酒茶之屬紛紜洪午飯使其三簡少女行厨皆

有窈窕之態饌味淸沃尚爲一饑之需矣小頃遣掌務官

於兵庫縣回謝燕令送六等屬靑木幹肉旋於賓遣巡查

數各亦護衛於門外

三十日晴夜未風勢稍大白浪掀天彼人多貿以船泊之

未晓自厨房始供飯爲其達日之故也遣掌務官於西京

回謝距此為二百三十里鐵路也今此火船軆少不能駛

大洋待飛脚船啓行之意因船長所告舌官來言故為姑

留之計偶尉所見曰楊柳街頭石逕斜粉墻重屋是誰家

児女不嫌生面容娘二笑進滿瓶花是夜四更行　權傑禮

於館樓上

七月初一日晴平明行塑闕程遣書記於一百里大阪回謝

亦氣車之路也主人專崎者攜一函來示曰今夏我皇上

西廻之路駐此一高三條大臣悟未書贈者仍開見有一

裏紙包上書御賜金子圓盃一坐內有玉色綾本書法雄

健撫玩移時謝其榮耀主人大喜盖以神戶一富岷之家

國皇親莅一夜之過騰千圓金一圓玉杯太政大臣贈以

手墨可謂莫大之榮矣數日留連兒女輩眈侍有愛好之

情浪吟一詩曰東洋女隊自分明年繼十餘盡風成好語

挑來難解語留情看去亦無情朱唇粉頰跚云美白足緇

衣也不精時近中臺供一笑麗慈從此十分輕適有船歸

便家書修付

和二日晴相馬幸治者通刺接見愚得一詩固辭末已因

題曰斜日神洲歐癖烟板橋南畔暫停船滄溟去二尨無

隆島嶼生二別有天十字街通楊柳外三層閣起水雲邊

居人怊悵眈佳景異物奇形列眼前復次壁上韻曰三月孤

居旅館深處登高閣索沈吟瀕海青山搖遠影當樓碧樹

掛清陰船泊門前吳楚賢詩雷歷上漢唐音主人莫問

風流客萬里南遊自古今

初三日晴眠見新聞紙題頭曰大板日報其下則列書曰

用事務其中有日朝鮮使節來當石町三橋樓人員五十

九人云日晚出街一清人要我八其居歡接茶果酬以筆

話余曰隅對中原客如逢故國人香茶小閣東懷抱一般

陳有老者執筆良久曰放眼歐洲外球與共一人如無秦

晉好何必結朱陳更問其姓名則乃副領事馮服煒也絀

有多少問答約再唔而遠歷覽道路則十字通街百隊旗

亭林木連植鐵路縱橫橫流車鄰乚來往人與坊乚列置蔑

石清溝茭荷交暎彩柱銅線電信相通洋人之室過其半

清南之館居其一飛甍十里未有蔀屋之間隙累百丈

乃見火輪之工倕滿汀舟輯多是三帆環境人家爭弄百

貨峯嶺秀麗而不隙閭里櫛比而不驚可謂繁華大去處

也俄聞和哥浦九來泊往見船樣大於千歲九三分之二

華麗奇巧不可形容此是三帆、飛脚也

初四日夜兩自去月廿九日至今日館費爲五十圓兵庫

縣令自當云申判束船主人壽崎及課長柳本皆船頭作

別而船長前導入艙房衾褥厚軟而極潔淨燈臺膠卓之

具亦皆精備二僧榻坐安穩可喜戌正揚錨漸向東北兩

過洋中豎紅白燈臺藏煤油於其下引氣上升盡隱夜明

以避晴硝云自馬州至神戶之間亦多此類近浦埠頭等

白堊如大屋子達夜燃燈以明船路云此莫非詳制也

和五日夜兩邅塈東南有日富士山上頭如粉白船人云

前冬雪痕尚未消盡也風浪少起船中人皆眩然倒卧此

卽太平洋最險處云同行之徒人阿比留廣作絆然致死

此或因別崇而然抑或不勝水疾而然歟甚可駭怪其

慈婦年才二八從尸僑淹泣不止蓋其藥性不以異類而

相殊也

初六日晴夜兩行附　廟祭于船上卯刻抵二千四百里横濱

港輪船風帆連纜左右不知幾百隻石埠棧橋回崖岸

關宇宮閣滿眼繁華不可勝記外務一等屬遠藤巖雄神

奈川縣七等屬本多静直八等屬川喜多壯藏俱為船上

朋慰乃下陸乘人力車到町會社喫茶果小憩抵品川停

車所換來火輪車軸制並連鐵路次觀到東京八十里新橋才為乎

半刻盖其車之疾不能形容而茅見過境之飛禽如煞烟

未逝而落後山遉之村屋街衢之人物如電過而未詳其

容耳外但聞迅雷之聲長時不已想御風之仙子猶莫過

於此也登鐵道閣上俯瞰東京廣衢繁盛非比於所経諸

港南望海中礮臺壘三前列為内灣門户此可謂雄郡也

外務省權大書記櫻田觀義中路致慰復來人輿啓行踰

三重城門歷蓬萊橋京橋淺草橋道路極平坦市廛叢麤

緣楊柳堤二十里到本願寺定館雖非樓屋而軒敞可居

外務少輔芳川顯正辨理公使花房義賀幷來慰遠涉之

勞而如有荷碍之事竭力周旋云自外務有進茶果仍供

夕飯饌物平淡可好權大書記櫻田及山之城秸長石幡

初七日朝雨午晴本願寺僧事務總理權少教正鈴木彗

浮通刺來慰有廻査數名門外守護各持長釰自來自往

少不休暇雖風雨昏夜不離寸步但計刻而交替云八夜
多恨忙之際自外務省遣十餘靑帳遍設各間可喜穩桃
初八日晴使相共堂上官簡率下隷詣外務省卿井上馨
大書記宮本少一不在大輔上野景範權太書記櫻田小
輔芳川公使花房等處傳授書契畧有問荅旋即回舘前
對馬島主宗重正遣屬官致慰
初九日晴早朝宮本少一始爲來舘有誅草分遣兩判事
枋各省先問兩遣書記官於宗重正舘回謝申後元老院
議長大木喬任送七等書記喜多川廣工部卿山尾庸三
送四等屬淸水常鎰大藏卿佐野常民送少書記大谷靖

參呈名帖致謝

初十日晴巳刻花房及石幡貞未叙陸軍中将黑田清隆

送八葶屬竹內於菴致謝午刻陪使相到外務卿私第接

叙寒暄趨莚錦卓居處甚佳庭院之奇花異卉穠麗無比

回路八花房种芽家基雖不廣占兩圍林精灑頻有清趣

丌上之書卷羅前之玩好多是我東品流仍進酒果致欵

姜先生示六韻余亦和之曰我行何似馬卿遊一乘滄波

萬里舟斗止家鄉迷上界海東邦國泛中流秦衣越甚當

殊俗梧葉蟬聲尚託秋異物未嘗著意爲求多識歟

回頭

十一日晴文部卿河野敏鎌遣大書記島田三郎陸軍卿
大山巖造少佐上領賴方各自致謝于刻外務卿井上馨
及公使花房未叙具言天下形勝宇内大勢無非誇張底
意也申刻轉到博物塲外門揭博物館額偸有守卒之居
不稅於玩客各予木牌考其出入兩因外務省指庵我行
不稅云茅審舘塌之圍為四五町內門數步地有釗鐵木
一根五六輪長各數丈自此漸入見寺花異卉為千百之
種而無一知名及到前堂護衛之官先考信物且葉吸烟
乃可許玩茅一層各國名賢塑像其餘各屬衣服器用及
古今物像無不具焉肖以琉璃面粧之至于回廊則人骨

全躰具飛禽走獸全身枯骨多不可狂目者若圓圍之熊
鹿獐鶴鵝鴈鳩雉鸚鵡孔雀鷹鵰狐兎水犀山猪魚鱉之
屬可愛其活動外他奇怪之物神疲目役不可窮覽彼曰
此中物像比於丙子信行時所見已多別備者而尚有未
備之嘆必與西洋三十六國東洋三十七國相通然後可
畢能事云其矜誇之習可發一笑
十二日晴太政大臣三條實美遣屬官致謝左大臣熾仁
親王遣屬官堀内辨司法卿田中不二麻遣一等屬竹田
忠質宮内卿關廸教遣二等屬和田比義各具名帖勞問
申刻花房来有誋草

十三日乍兩舊對馬島主宗重正來慰說到明日之誼多

慨然之懷衣冠不變舊制年近四十容貌俊豪頗有丈夫

氣像

十四日夜兩內務卿松方義正遣小書記富田冬三致慰

大清參贊官黃遵憲及楊摳俱來慰問聽其狀貌則頭邊

淨削獨存顖門髮交編達于股後上着如青周衣內着如

我制而少異冠如匙子而白篩以紅毛履唐鞋皆有非好

儀樣也結以筆話曰朝廷之於貴團休戚相關憂樂與共

近來時勢恭西各國日見浚邏我兩國尤當益加親密僕

單居東三年與異類相酬酌今得高軒之來真不啻他鄉

之遇人快慰莫可言以僕鄙意若得閣下常駐東必於
國事大有裨益方今宇內大勢崇為四千年來之所未有
堯舜禹湯之所未及料執古人之方以藥今日之疾未見
其可以閣下聰明間見日拓將未主持國必能為亞細亞
造福也
十五日晴晨朝行筐關體連日惱於書工罷懷無作況入
夜月色皎□臨窓尤令人感發歸思乃其數人出街亭擬
以一暢際聞吉原有士女之遊轉至東橋外數里玩光男
女之來往可謂磨肩連袚遙望高樓巨閣不知連亘幾里
兩層欄彩燈列上中下三行繡戶紋窓半捲朱簾中有女

娘容貞如玉或四五或六七作伴皆頭挿金花身披青羅

手搖團扇有時談笑茶鉢相酬而華禮臘燭內外洞微謗

所謂瑤池宴圖恰似也且十步浮架編竹成木枝二懸燈

如灼二桃花板檻四面圍以芝蘭之瓶令一覆粉黛或作

袈裟之舞或和琵琶之西卽奏無足可聽而風流則暢矣稍

稍看過越百餘家而未見其止頃史桂影西頃香塵撲面

神惱目眩卽回舘想像其形容如春夢之覺矣

十六日晴大淸公使何如璋來舘致謝午刻悟到宮本少

一私第門外林園爲數町多桑柘梨之屬堂宇雖不宏

麗而極精潔頻有山林之趣援敘寒暄茶果致欵歷入器

械工造所鍊鐵治木專賴氣輪可謂洩天機集化工者也

是夜京橋之南設砲戲數隊小艇泛之中流發大砲一聲

亂砲散作無數砲聲又有一種水雷砲自水中有動地之聲

湧出一大火塊如五彩蛟龍噴發萬斛金波回視水邊亭

榭上下燈先倒水呈奇玩先男女之轍迹復聲如爆竹亦

一可觀也

十七日晴使相獨其堂上官致門大臣夆處而還午後轉

進十里許圖書觀卽聖廟也自外而入有三門一曰書籍

館二曰德門三曰杏壇正殿額以大成殿夫子塑像安於

正使顏雷忠孟列於左右東西廡掛纊洛六君子影幀有

古信使全世瑢識文墨跡如新徇覽各廳列置書樻儲書
千萬卷覆以琉璃未暇披覽可嘆而已明治以後稍置洋
書廐數尚多生徒皆襲秉儒風幾島云夫
十八日晴寅刻地震萬念彷徨坐而待朝何如璋具剳使
張斯桂來叙寒喧多有筆話之可聽參議山田顯義亦來
問自本願寺別具盛饌要飲其意可感
十九日晴別軍艦所率二名臨酒相關各桃七度邐邐彼
人觀先者非翟然變色午刻太政大臣未謝來馬車騎士
八名各持刀前列而已元老院議長陸軍卿工部卿及
議黑田清隆元老院大書記森山茂大隈重信幷來慰

20

教名騎率前導矣南出五里兩有勸工場萬賄皆集約一

月六開門以勸賣買物無二價故遠人多置商貨勿限違

早待售賣推價云

二十日晴大蔵卿内務卿左大臣及花房来慰永日尋墨

思念頓惱乃吟一絶曰吉寺新秋天氣清抄書終日苦為

情如何此日偦懐愴庭院寥二蝉自鳴又曰萬里滄浪馮

彼船人情地勢兩茫然此身不識緣慈惱謖謝床頭未了

篇氣議伊藤博文来謝是夜風兩䆪夫

二十一日晴陪従往清舘公後洞如揮出接有多少問荅因

周覧舘宇則亦是日本之制兩樓簷有直額曰大清欽差

大臣公署廳上設皇儀置長卓鋪以紅錦綵邊有惠纓左

右立肅靜牌二紅陽傘一正從三位牌各一中探掛水精

燈此皆中華法度狹室有五六重子讚論孟壽聲從己不

可聞狀貞衣樣其長者無異余聞中華即天下模楷而以

今日所見言之軌多悲痛處想褒大明制度而然非

二十二日晴文都卿海軍卿及左大臣未謝東京知事松

京道之進四等屬赤治常一宮內卿德大寺宗遣正六位

宮島一即呈名帖致慰未到陪到舊屬島主家庭院荒涼

多悲悶之狀欣然接叙有若干問荅蓋谷島主之執質扵

京都也不通仕只給廩料云也佥議寺島宗則留名怗

二十三日陰宮内卿来謝晩出街亭看物色金銀玉帛不為不多而小兒輩玩好之物居其半毋論男女才五六歲輒持筆通物價多少可嘆其英敏之早也東京第一銀行局商人澁澤榮一大倉組商人喜一郎各進桃梨葡瓜一箱致欵

二十四日朝雨午晴協同社人輩奉硯請毫強副數幅因出狭高上佛宇一編周覽棟宇雖非丹艧而極壯麗鍍金成佛哈為一挖前列綵花琉燈之屬無非奇巧樓前一面羅以銅網飛禽莫過庭院植香林備石榻可為休憩之所僧徒皆有妻子職品無異仕宦之家且屬剎之周圍為數

十里匹在閭里之間皆非山林清净之境而但有時念佛

之音撞鐘之聲依然若我東羅刹反助客愁而已是夜秋

氣乍動單衾稍冷始不成眠因起坐偶吟曰一出蠻鄉敢

月餘此為三十六年初正慈海全舟濕又見秋涼牛夜

噫異味少嘗張使果奇談虛負陸候書願言天道均風雨

穴蟻巢盒各穩居

二十五日晴是日 大殿誕辰行賀禮於館廳因外務省

書陳辰刻使相興袞堂上官到赤坂皇居官垣皆竪以鉄栅

門外有近衛兵十餘名皆持刀羅列歷三重門乃下車首

官導入兩廳和以黑服入見日皇己下床免冠為禮次以

時脈八見曲拜別無問咨云自官門外出見遠近各省皆有

城無堞外有深溝連通海水廣可一弓地荷花滿簇舟輯往

來堤陵之芳卉如梳髮鬆二涯岸則築石筌木以防歟危

歷八海軍省二堡為十餘里門外亦有護衛卒數十各持砲

刀序立有嚴肅之狀海軍少佐黑岡帶刀少將林清康陸

軍工兵少衛堀本禮一昉俱為前導登二層閣廣大軒闊

之樣珉瑀瓏珱之屬有難盡記供饋飯後周覽數十間房

屋有火輪製造之具分其全體各置一段欲其令八易曉

也自此下幾層梯出小倉長廊三四十步有一閣復置大

中小火輪此則前外務卿寺島宗則二十年前遊外國一

見火輪圖而依樣製成者故褒而傳之云果如是則可謂

希世之材矣又越東廂輪具之貯置殆無限量而上層則

列兵器如鉄冑鉄衣刀銃之屬不知幾間最下層則兵卒

或七八或十餘各運大砲如我連麾之易此是課日教錬

之處也又轉出一傷花古樹林極其繁華中有一巨閣爲

數十竿積置大元口大者三四把小者一二抱長可四五丈

皆治錬如鏡光人形輝又一閤鉛丸堆積各有小穴二

中藏無數小丸一發可作千百砲也其西列海爲池洺一

小滊船海軍數十名齊立赤時以錬習之所也自其處又

轉一弓地即海岸也作一宇制度如船艎之歸間有窓戶

26

戶掛大砲□繫麻鐵之繩下置鑄板兩使之易動或東西

或南北乍出乍入少無苟碍復回一面皷礮輪一邊作銃丸

一邊作木機人不甚力而物皆成功兩見兩料多有駭怪

難測之狀矣

二十六日晴陪到外務省□卿及花房俱在託到收稅及

禁米等事有多少詶草

二十七日陪使相共堂上官徃遠遼館太政官及各省官

皆會設若干酒醴而謂饋宴云也是夜秋風漸緊鄉思

倍切成偶吟曰風雨凄□板屋凉東洋萬里客愁長無因

做得還家夢夜半鐘聲出上房

二十八日晴令掌務官分遣禮物於各省 陳見 東出數里

町有一巨刹即淺州寺云也門前通達閭街石路如綰左

右設商廛皆眩目無用之物而轉入內門巫覡倡優之徒

此二有之鬧有猿猴之檻關鳩之籠皆馴致奇巧之技術

到後鬧則茶酒之肆蕩子淫女百戲相樂外他怪二之形

口不可傳者多矣

二十九日晴辰到往大藏省二官前導見紙幣之工造別

有紙本各依樣裁斷入輪械印出模型頃到成千萬圓金

課日之數其將何如然的物價之騰可謂月異而歲不同

人情物理蓋存未易窺者也

28

三十日晴因外務官書思到陸軍省各省官畢會俱叙寒

暄供茶盤小頃中尉少佐指揮陸軍試以教鍊之法兵隊

尚三千皆白衣荷砲坐作進退踴躍擊刺無非精銳矣

八月初一日陰雨晨朝行至闕禮宗重正未叙著談仍為

磣破高山道路寬行者不知山作地浪言此地本無山

作別而去館居難安竟作感吟一絕曰東来地勢大洋間

初二日陰陪到右大臣巖倉家告以歸期具著語侍琭餞

竟日團團随属官周覽圍中竹木逓邐中有假峯妍口奇

花異草如鋪錦茵自竹間引一條水入方塘有瀧二鳴聲

蓮花滿汀清香襲人上有院閣如虹球燈環簷鋪逞甚潔

淨兩筒青童周旋酒席一府渫已若灵境從者多般覓句余

不得已和之曰東京茅一相公園玉樹瑽林已繁可是

蒼生經濟後此中開卧喜間樽是日申後裝具先付船人

和三日晴陰到外務省與各員相酬仍致別意而領未荅

書契自呈省備禮物次第回謝

和四日晴早朝外務卿來別有餞忱已刻自館離發抵新橋

諸省官玄來餞仍騎大輪車即到六卿川一息鶴見津留

羙及神奈亦各一息皆為其乘客之或出或入故也即抵

橫濱出張所供千飯花房義質及森山茂同載而來餞多

致欵已之意申刻乃乘高砂丸船二樣之壯麗十倍於前

騎飛脚船艙房分上下卜物計長廣出貰金是時四國人
混乘每遇洋人多氣寒戢悚不能相近也雨丰張忱
初五日晴因風順流船行如飛忱外江山之景忱惚難狀
到遠江州境南望一山雲烟縹緲是云火山也過駿河之
北峯羅列于洋面人家往二作居入夜燈火連亘數十里
是紀伊州大島云也時值南風乍起神氣眩然伏枕假眠
初六日晴卯刻抵神戶下陸到舊館二人男女皆欣然迎
慰進氷盞葡函致欵
初七日午正審兩遣書記官於兵庫縣致問復進堂上官
於大坂致別意

初八日晴西刻離發抵千歲丸船人皆慣面欣接友正揚

錨夜静波穏喜不可言日人浦田敬云者同騎聯枕筆酬

多奇示余一詩云一地球元無内外可知四海皆同生扶

桑雲接雞林兩兩團従来唇歯情即和贈曰行李蕭□復

寂□逢君此夜感懐生不曾同舟行萬里璩琚一幅最多

情彼喜之強以釜罐後圓

初九日晴是日天朗氣清平波如錦遥見三原之峯巒蒼

然秀出兩連亘数三十里依峽人家青烟撲地連陌雲田

蕎梁之屬蒼黄満畦復有千帆漢艇潮洄中洲無非畫中

之景色也回首浪吟曰三原山色暮蒼□白布漢船満大

洋靡氣收来波似鏡幾時明月在中央

初十日晴卯正到赤馬関前港少憩協同社人持酒饌来

慰我作別懷余偶題一絶曰瞳□朝日彩雲間差喜吾行

到赤関寄語故入莫惆悵洪流一渡即郷山午到啓輪風㴉

稍大但任其剛手者周旋也

十一日兩風翻驚雲霧迷茫火輪亦無所恃飄蕩外洋舟人

言此是機蔚之憤乃回柂数百里未刻来泊黑巖内洋各

騎小艇即抵釜山傳通于本府

十二日晴早飯後到府

十五日晴余以儤病僅到沙背峴告別使相

七月初六日外務小輔芳川顯正辦理公使花房義質

與權大書記櫻田親義來館問答

小輔曰貴使此行當留幾日

我曰一堂計可竣事還發

小輔曰兵察機宜頻多賞玩行期如是促耶

我曰從前信行無過此限且兵擧罷機本使迂拙素無知

辭雖見之亦無益

小輔曰太平洋路甚險且西京大坂省多有可觀悮時從

陸不過費七個日以此圖之爲堂

我曰指導甚感然未時以水路往返受命無以從陸

34

花房曰洪講修官趙大恤具平善否

我曰皆安好

花房曰禮判乃尹公耶

我曰尹公即年前副官也

花房曰公幹事官本少一當專管而俺亦從當有所言

小輔曰本願寺即昔年信行嘗任之所而暑亭得無狹隘乎

我曰信行之曾任此寺果已聞之屋宇軒敞可幸

小輔曰如有苟艱即通示當隨力資助矣

我曰姑無苟艱而或有可言當如教仰聞

花房顧櫻田而言曰旅誼凡百多此公之周旋

我曰貴大書記俄於新橋迎慰護行至此極用不安也

我又曰本使涉海有疾不可不一兩日調理擬待再明往

外務省呈書契望公使諒此轉及於外務省也

花房曰當如教仍并起去

七月初八日平明率譯官諸人往外務省卿出外未還

大輔上野景範小輔芳川顯正公使花房義質權大書記

櫻田親義出接寒暄畢親傳書契

大輔曰貴使此來可望兩國益加親睦

我曰我朝廷實爲兩國親睦特此遣使

大輔曰本省卿適出外日暮當還再明幸再臨與卿相接也

我曰當如教

大輔曰兩國本是兄弟之邦丙子信行在六七十年後猶

屬生跡今番則此丙子更親情契當無間我國當以清國

及各國使行之禮待之甚契而才覽悉從當有公幹而當

圖便宜之道矣

我曰尤須兩國同受利益甚幸

大輔喜曰此言甚善又曰貴使此來我皇上後當引見而

各部長官例有相見之禮也

我曰貴皇上有引見之命則敢不奉承而至若各國使行

禮本國所未知只當依從前信行為之

大輔曰日本素稱勝地多有可遊處留館時幸時二賞玩

當二二揩尊矣

我日本國規模使行非公事不敢閒遊

大輔曰貴國法自來如此耶或今日別有所受命耶

我日國法自來如此二行非別有受命

大輔曰丙子信使亦嘗義處遊覽此例何可已也

我日此事亦束聞知感意既如此一二處當勉從其餘別

或令隨員代行

我日此事亦束聞如感意既如此一二處當勉從其餘別

大輔曰我輩既是親友不但以公軆相接源二相從甚善

鄙等亦堂枉顧

我曰姑未竣事無以間出茅待臨行前一次晉晤矣

花房曰此後公幹貴使若有所言來外務省商辨我團事

則當就貴館議之

我曰指教可感

大輔曰見新聞紙貴使善書乞惠法書

我日本使不解作字八貴團亦未曾把筆式有隨員作書

無乃誤傳耶

大輔曰否新聞紙所傳即後釜山來者聞貴使有文墊云

我曰此或儕之誤也甚愧仍告別

大輔曰我國法雖公事相接必於當日回謝少間當晉拜

我曰謹當歸後禀奏也

七月初八日大輔公使兩人來館其兩堂上出接寒暄畢

大輔曰貴使行期甚促其間事務恐難勾當雖明日宣即

商定也

我曰再明當見貴省卿甬後言之未曉

大輔曰書契中定稅事已覽矣我言貴省卿無異我言亦

非獨見即政府之意也共我商確無妨

我曰大輔其卿無異固所稔悉而此行只因貴公使陳年

遠辱特此回議非專為定稅一事也然茅當商議

大輔曰收稅事貴政府言之我政府敢不奉之今日言之

40

明日即行貴政府果有擬定稅額以來者否

我曰我政府非不欲擬定稅額然本國從未通外國不詳

商務今行只得貴政府見許俺當帰告政府稅額細節可

令地方官同領事官商酌安定爲穩

大輔曰是莫不然此事関係甚重兩政府恊議不可領

事官何敢任之

我曰非謂領事官自主議立只要㕥酌商民利害兩政府

更須將此恊議

大輔曰此則固當今酱貴政府若有議額我政府當准各

國通例稅之重者平之務帰允當而今行既未帰正則當

更以此派使專来或扵公使去時安定無妨　貴政府之初

無擬額甚為慨然

花房曰昨年俺以此事己有書翰備陳而此行之梳額未

定果為慨然

我曰昨年公使書翰俺亦聞知今此貴言之慨然云者寔

出扵相愛之理還大感也且本使書生未諳商務雖不敢

擔夯安辦而貴者如有指陳當以此帰㐮恊㸃不至更派

專使各國商務素所未知茅本國自吉動遵中國近見貴

國與清國通商規則若得一軆此例梳額可不勞而定矣

大輔曰清國則我國通商不止一處物情各殊其倒未可

導也

我曰圃土旣殊物價不同固所知之非欲一物之稅銖兩
必同如百分抽幾分之法可以仿行
大輔曰如欲收稅則非但稅額海關當有之規花房公使頻
往貴國且嫺商務使臣不須親自講確只遺隨員私議似好
我曰花房年二奉使扵我國親分自別且通曉事情必當善
爲指示以圖兩便茅遺隨員徃議矣
大輔曰此事只可共公使私議我政府及本省不當立論也
我曰此言甚當公使私議可以成帖案怖禀我朝廷若貴政
府貴者之存㨾果爲得體

大輔曰我國近日盡得富強之術願貴國亦事富強則商

務興旺是所深望近日宇內形勢以日本之力。無以獨自

抵當遠唇輔車惟欲與貴國同心同力軍務器械隨處相

師無至見笑於歐羅巴也

我曰貴國感意之如此我國家我政府早己知之感謝無

己然我國疆土僻在一隅西有淸國東有貴國外他各國

初未接懷往來以故朝野人心只守舊規現今事勢有所

未易行也

七月九日外務大書記官本少一來館守晤談

俟日使事竣完自當費日来關出遊避暑為望弊居在城

外頗有林園之趣幸一光臨

我曰感意可感竣事前不得間此國規即然芽當臨行一
造爲謝

彼曰外務卿昨果還芽明欲接見耶

我曰明當往訪

彼曰明日即日曜日官民皆休業如無急幹詳探圖之恐宜

我曰然則再明亦不妨幸探示之

彼曰近日國使於所到之國歷訪各都院仍其駐京各公

使往來雖兩國構兵使臣無碍相從乃公法也貴國尚未

通各國想不歆行此例兩淸國公使則相見爲好若日後見

枉時淸使在座不以爲否

我曰貴言曲盡事情使俺自爲之言無以加此甚感各國使雖

不可見淸國公使當往復相酌計耳

俀曰淸國與俄國有事或已聞知否

我曰八貴境從新聞紙見之而未之詳也

俀曰我國知貴國獨立之邦而歐人則謂貴國爲淸國附

庸以爲俄欲先窺淸之藩籬嘗向貴國云是切仍問又聞

俄人治兵艦於黑龍江將轉向東北海云我國於元山設

新港而此爲其衝尤爲隱憂

我,

爲之遽護未魯

興外

義雖同一國然疆土各殊政教自主歐人之覬大不然貴

國須將此辨明外國事機隨聞先示為望

彼日新聞紙所傳雖多不可信然見之可悉天下事機若自

釜山把長崎地方則上海公報可以縱聞而一年所費亦甚

廣矣

七月初十日公使花房義質來館問答

彼曰俄國事未時已聞知否因伊犁一事崇厚被罪兩國

方治兵聞更遣使未知如何辦事而遍瞷從此啟矣

我曰崇厚事從北京使行回聞之其後果已遣使否

下民我國與清朝情

一至外務省談辦爲好稅案亦當有責愿處

我曰多少揩導爲幸外務省當一往面向貴國各港規則

幸一投示近間貴國議改稅則此事若悕正本國亦照此

例恊妥甚堂

彼曰十年未已議改約訖未究竟大約明年可定貴言之

欲用此間固無悵然各國事情不同蓋通商之始務爱開

通到得幾年可行此例

我曰作事處始若使貴國定稅早行此例冤致十年議改

之難矣向吳稱稿本非朝廷命意本使只撥中東和約法

値百抽互若以此悕報則我朝廷必曰他國百抽三十而

此為六分之一輕重天淵本使祝罪不足論祝事必無憾

定日兩國誠信因此末孚是本使之所大懼也非為區

區利害而然也

役曰我雖有損苟利於貴國朝論欲行之故不徵貴貨之祝

我曰我貨之不徵祝若使我商民來此宜其如感而我商

初不來有誰知之大抵朝野之論疑端未懿所以事之製

碍為貴國計務盡公允使我國脫然知有益然後交隣益

親矣

役曰商祝之法徐觀其貨咸裏叅定本非混峯百貨硬配

祝額以故數年貿易可得當

我曰此事當於外務省面陳而幸為我先諭

彼曰俺隨機周旋又曰西港事我國必欲以仁川為定未

知貴朝廷一向牢拒耶

我曰仁川事朝議與前無異不領更論我國既以喬桐南

陽為言初非圻沿之不許也今若於兩處中指定港口似

無不可然開港則不可不待七八年圻沿民心無以一朝

傾之且今元山港事卅蔚募埠貨鮮此除左右議港莫無

其策更待元山北港興旺稅額恊定後圖之自然年期已届

彼無答仍曰錄示未畢事書契中既不明言且問下向於

大輔相接時問使何幹答以只為報聘別幅有它稅一事

而已今急有此錄示外務諸公不能無愧且公使居間殊

為難便

我曰米穀非別事即稅稿中一件且我國從未有許通未

觀其中間改約自不同

彼曰米穀不通我商民何以為粮

我曰只禁出洋貿販開港處粮米初無的碍

彼曰有無相資米穀為重阿可一切禁防耶

我曰我國惟三南産穀餘五道俟其轉運尚患不足若滲

滲不止奉國喫用安得不嚴防

彼曰往在丙子俺任釜山洪公為府伯俺言惊荒如此我

當運米賑饑洪公茫以有政府公文然後可議故俺即悵
告政府辭來二萬石日待公文仍無影響而置之明年俺
往責京城洪公爲誥修官故擧言此事極歎矢民之不見
賑扰也
我曰是時俺在外任未及詳聞
彼曰海關規則俺已屢陳而責問專抹用不似之人主管海
關何以檢查以米穀言之船貨出入必有負丁上船斜察則
豈有不知之理乎錄示中潛輸二字不謹之造
我曰不由海關之騐亦多非潛而何
彼曰米穀必歎禁防則將有言端得翰出入四字何謂

我日本元何不詳究丙子我政府錄送有米穀不可交易
一條通商章程弟六則曰港口留住人民粮米得輸出入
粮米外不許出入可知若使易地以背約執言況中東
和約明有米穀遠禁一條又初使奉西記清使與俄人談
辨禁米俄亦不敢詰矣
倭曰近日則我國與清國皆不禁米穀
我曰是不然我國亦有船駛海豐糶糴易出入相償則雖
不禁可也今則惟有漏危補綻無術安得不集也
二十六日往外務省井上馨花房義質出接公幹
我曰梳則擬稿送示公使念間始面議仍卽馳書以卄三

若曰無關則日後俺又出去六曹判書當不更見耶

我曰此是已行之事豈其然耶

彼曰俺言盡矣無以更陳請徐二更思之

我曰第更思之然只見三大臣好矣稅則事方圖出㈱當

送覽未竣事亦有相議隨處指示為望

彼曰當如教矣貴國不知稅關規例可悶俺曹送呈稅務

丹子于某府何不採施貴國義州稅法果何如

我曰義州稅法非與他國通商片於邊門微稅於我人駐

重問豈不從耶責國各港稅則辛一投示

彼曰當圖覓呈義州稅丹昨年欲得一講修官已見許而

高不送示

我曰来時洪公病未相別以故未及相聞

八月初三日往外務卿井上馨家元房義質宮本小一

三等出仕茲由三郎二等書記三宮義微亦在坐

彼曰間旌蓴明日啓行畧設午饌相邀切有一言仰陳而

多犯忘諱幸勿見怪

我曰開懷直攄高義可感

彼曰宇内大勢向已言之萬二迫急此又相告因披展地

琉全國指示魯西亞惺員曰其國部在歐羅巴界而中亞

細亞地方有一大都會近又於圖們江海口設重鎮名市

埠有軍艦十六艘每艘海軍可三千餘名此地與貴國北
邊切近其意盖欲由貴國東南海轉登中國山東省海岸
直八北京若於山東海岸頓兵其對岸即貴國地方能保
其無事于近日各國擧兵必先八京城然後可以辦事魯
國若由西北路則距北京甚遠必由海路乃捷果與中國
尋事則貴國與我國同被其害儘之爲此甚迫非爲貴國
實爲我國事也
我曰見示極感中國與魯國有鮮固已畧聞而至於圖們
江浯兵事我國漢未聞知大爲憂悶
彼曰坐中大書記昨自德國回来於意大理地方遇魯國

海軍鄉其之間冊至中國上海地始分路而將爲運煤更
來長崎島云舟中察其動靜爲憂甚急中國事幸而善了
不至速發若天氣稍冷北地海氷軍艦不可安頓則必迤
南覓一海岸寄住如貴國釜山港最可慮以其向中國從
便故也此時貴國兵力可以禦彼郡魯人據此處則我國
之憂更功此將素何
我曰我國雖其魯國接疆從未相通惟於貴國親睦有事
時望其相護也
役曰萬國之法隣國相爭則惟有中立而已況我自救不
贍那今年冬國若美若法若英一時並湊此其何故也魯

若得志於亞細亞勢益強大則歐羅巴各國皆將受制於

彼無以自立為是之慮欲其貴國合從若各國其之修好

則他日魯不敢無故侵犯矣

我曰我國未嘗通西洋各國此等事情何由知之寥當將

此曲折悕禀朝廷矣

彼曰閣下雖悕告貴朝廷必無見聽之理雖知其然俺安

得不忠告眯西洋各國則只欲先修好而已亦不必急之通

商見今為貴國計兵城不必學惟速速幾人來往此間詳

究各國交際事情為第一急務幸勿淡忽至筭

彼曰閣下雖悕告貴政府必無見聽之理雖知其然俺安

得不悲告哉若復安其危利其災而不以為意則亦不敢
更言也

我曰朝廷命意雖未敢預知敢不一二詳稟

役曰禮曹原書契外更將㫒國事裁一㫒函以呈

我曰當以貴意傳致

八月初四日臨發外務卿來別

役曰公使四月已受命戎行間遣使辱臨而以逢乞當於
十餘日後發送

我曰貴使之未我豈欲挽之奈此行九月初可後命將多
少事情稟知朝廷爛加商確更賁一兩月公使之行量此

緩期爲安若於十餘日即隮則抵我京城反在此行之前

事已多碍何不諒之且凡事既有領事復何至更煩公使耶

後日公使所辨領事何敢當之職分自不同耳行期進退當更

思矣

我日公幹時務要誠意相孚不可動武碍難此意須囑于公使

去恃爲好論事得加公之痛快則我國人孰不曉之

後日若得事情相通則彼何憾爲我雖直陳貴國全然不悟

致令嫌橋於隣國到此時安得使我無言耶

我日苟以真情我國豈不悟耶

後日向以米國事有書契而亦不見聽從此僕不欲隨事

相告

我曰外務感意我國已知之若非外務書契則答書亦不

如是委曲也

花房義質同來火輪事送至橫濱我於車中間俄日通去

外務卿未別言及公使出來事故俺鴈以更思緩期伊亦

以爲然外務卿見公使想當先言此事公使須具之更商

退定爲好若公行太遽則事多難處公應諒之

徒曰如是見敎甚感

我曰聞公使陞解理云日後來時將帶國書那丙子理事

官來時以兩國沁使勿帶國書爲約今何可遽若以秩爲

體而自別則以愚見帶政府書契似稍勝耶

彼曰外務書契即政府命意也我國之論修好今已多年

兩國君上可以通書互敦親誼書契當用大清國徃復格

式矣

我曰若使他國言之當以不帶國書爲欠而我國規式自

來不然此則公使應詳知之且旣有前約今不其更議而遽

可遽之非道理也此事戎對外務卿臨發此適不及說明

望公使將此意歸議日後須只帶外務書契以來再昨商

量爲好ㄴㄴ

彼曰第以貴言歸議也

三月初四日

議政府爲相考事節 啓下敎府啓辭日本公使課歲專來矣

其在交隣之誼宜有回謝之擧修信使今該曹差送而起程日子

從當擇定先以此意通報舘中事分付東萊府使處何如

荅曰允事傳 敎山是置傳 敎內辭意奉審施行向事 二月初

四月十二日舘中往復

迎啓者我 政府令通政大夫前任承政院同副承旨金弘集爲

修信使悋匪久曁程凡係條例不可不預先講約另具別柬玆

以通報惟貴下照亮書示歆與

年月日　　東萊府伯沈東臣

別柬

一我國船隻未暇營造貴國船隻不可仍又煩請將以朝船價

騎徃來恐合便宜必有貴官指揮然後可無窒碍其如船價

多少必有打量書示可以停當

一旅館先為措定其容入緫貴承為斟酌書示

一兩子已例別貴國舌官十餘人同騎今不可如是煩請浦瀨裕

中野許太郎數人生徒數人下代數人使之同騎

一上船日子隨員教文待我政府知委更當通報

十八日來書

船回者 貴政府特命通政大夫前任承政院同副承旨金乙

64

為修信使將匪久登程元係條例預先講約云二敬承貴意

因先命三菱會社汽船貰騎之事同社理事川淵正幹有

兩上荅如別單其他旅舘等事項別錄呈覽希繞亮焉敬具

明治十三年五月廿五日領事近藤真鋤

一旅舘之事想我政府既有所設置如其経費貴使抵東

京時直就伴接官員議之必有兩便之法

一舌官浦瀬裕中野同騎之事宜副貴諭而下代同騎使任

官等掌之我汽船貰騎勃九以六日廿五日來廿八日楊鎬即煩曆五月廿一日上舩日子以此期定則事推便宜貰費亦省

一郵船貰勃尤定䂓航海之際이金山쪄柳戸쪄지屆通直

直線으로貰用서기고䢔費가我國貨二千圓이다

一郵船을臨時에ㅅㄷ니神戶의서釜山仍지直線ㅇ로

費用供之을뻐該費가我國貨四千圓也ㅣ라

一釜山泊止泊日數到港日부터出港日ㄴ지五日을限

을써其時貞樣ㅇ로日限을너무뻐그日數을制사리砲

哃浮費가一日의我國貨爲五十圓式이라

右金額은都是釜山浦의서빠ㄴ지라

一郵船貸用을決定되ㄴ며約書을附興ㅎ오사ㅣ

右件記事는ㅁㅜ서ㅣㅆ對答ㅎ사니다

明治十三年五月廿四日釜山港郵便巍船三淩會社川正翰

四月二十八日徃復艤中

逢啓者修信使起程日子在於我用二十八日發船日子在

於六月廿五日事知委今才來到兹以通報以此照亮為

五月初二日禮曹關

禮曹為相考事節啓下教令此修信使起程五月二十八日

乘船六月二十五日午時挺擇事及使臣隨率官隸令東萊

府定送一行厨房所需物種亦令東萊府措備以送事

啓下為有置啓下內辭意奉審施行向事 四月

六月十五日啓草

臣與一行所率本月十五日到東萊府是白乎等以緣由

馳啓為白卧乎事

書契草

大朝鮮國禮曹判書尹滋承　呈書

大日本國外務卿井上馨　閣下

謹茲照會者

貴國公使屢涉歡境講好遠執摯我政府稟

旨派遣禮曹參議金弘集前徃庸寫回謝之誼弘集奉

命開陳且有別錄良幾

朕亮結祈

貴國泰和

台候增禧　敬具

庚辰年五月 日

禮曹判書尹滋承

別錄

釜山港口收稅㕘以數年限免者定出一時權宜則趁今

徵課無容更緩㐅係條例講議恊之庸附車程幸甚

禮單

虎皮三令　豹皮六令　青黍皮十五張　彩墨十五同

各色筆二百五十柄　鏡光紙十五束　色摺扇一百把

雪漢緞三疋　彩花席十五張　黃蜜二十一斤

色詩箋二十五軸　白細木綿二十五疋　白綿紬二十疋

白細苧布二十五疋　白木綿二十五疋　白苧布十五疋

私禮單

虎皮三令　色楷扇六十把　白綿紙五十束　真梳二十同

彩墨十五同　豹皮三張　色圖扇六十把　色筆二百柄

白綿紬二十疋　白木綿六十疋　白苧布三十五疋

行中禮單

細苧十九疋　細木二十四疋　綿紬九疋　白綿紙十七束

色筆二百十五柄　真梳一百五十五箇　白苧布十七疋

白木四十疋　色紙九束　色扇六十五柄　真墨一百九十五笏

五月初二日

70

議政府爲相考事今番信使行具之凡係過邊者一切蠲

除驛卒各邑隨宜裁減是如乎接應之節依他別星例施

行是遣沿路支供務從省約各邑出站其卜定一款並勿

拳論如或有憑籍之弊隨其入聞非但屬輩之照法嚴繩

失察之責營邑攸同看意拯行先抵重究宜當向事

五月十八日

議政府爲相考事見今信使行期漸近凡係需用莭無涯

畔言念事勢極涉憂悶而餼祭官玄昔蓮錢四萬兩中二

萬兩自京已有換劃其餘二萬兩自該營已爲括擸于本

府是喻此則入用於債拯之費是遣安東晚收刷條自左

水營防報於武所爰使行乾粮及各項排用不可不亟速

措辦就道內公納中毋論某樣錢隨所用匯劃之意今方

發關知奏於本道處營是如于以此知悉舉行宜審向事

五月二十七日

武衛所為相考事今此修信使兩騎船寶兩次就戊寅條

詳定代錢中一萬兩劃送俾為後速離發之地宜當向事

償騎火輪船一隻銀七十圓

海神祭文

海四於坤維東為特臺麻汪濊奧我宗國位崇澤溥秩禮

不忒涉恬葉濤瀧怗息寅濤攸洎繄誰之呵我有隣亥

于役和束粵昔中葉簡書肇通遠夫丙子謹信畺綏顧兹

不樹很膺特令龍節豹纛王靈是敬義不辭險翔矣修禳

凤戒行孝薄于邊境誅日理艦何懍何疑於赫司禳實險

慈祉王事暴重匪使于私載迅載疾若簡斯馳不震不驚

安于几席飇飇晏送瘴霧軒闢星言啓檉殫節于久紓謨

祭遠國有成策軍役無渝噂敎噴言利徃遥返咸結靈恩

齋沐致虔脽姓香繁庶彙顧祐歆我靖樽

六月二十五日　啓帅

臣共一行所率到束莱府緣由已爲馳　啓爲白有在果本

月二十二日抵到釜山鎮二十四日子時海神祭殷行是白遣

二十五日午時乘火輪船離發為白乎弥渡海時上下人

員名數茲以後錄馳謄為白卧乎事

年月日 一議政府 三軍府謄報 巡營別本府謄報

堂上官抗衝將軍李宗純

上判事前奉事金允善

前訓導卞鍵爕

別遣漢學堂上崇祿大夫李容肅

軍官前中軍尹雄烈

前卽廳崔元榮

書記司憲府監察李祖淵

前卽廳姜瑋

伴倘前卽廳池錫永
　　　　金順哲

別軍官前縣監金箕斗
　　　出身尙樸鈗
　　　閒良林泰慶

鄕書記吳麟褒
　　　朴祥植

通事朴璂淳　朴仁淳　河奇允

行中庫直張漢錫

使奴子 翌焕 壽榮

篤戱 手陳養伊申快辰　日傘軍韓辰伊

使令安今生崔貞學　喇叭手姜鶴伊尹時突

刀尺奴學用奴萬植

厨房使噢金基洪田錫喜金愼吉鬋用伊崔聖九崔萬春

工匠三名行中奴子十三名轎軍六名

傳語官浦瀬裕住永辰安　下代飯田梶山

禮單贈給處

兵庫縣令　三醫紙五束白木二疋
別楯扇十柄真墨十笏竹筐十同色筆十枝

兵庫一等属柳直太許即柄楯扇五柄簡紙五十惘
白綿紬二疋白苧二疋
白木一疋白苧一疋圓扇五

外務卿并上督處發一令布五疋白木綿十疋色詩箋三軸色筆

白綿紬三疋白苧

外務大輔上野景範處發一令白木綿五疋色詩箋二軸色筆

白綿紬三疋白苧布三

二十枝彩墨花席二立摺扇二十

外務小輔芳川顯正處發一令白木綿五疋色詩箋二軸色筆

白綿紬三疋白苧

二十枝彩墨花席二十摺扇二十

外務大書記官本小一處發一令雪漢緞一疋白木綿五疋

布三疋白綿紬白苧布三疋白木綿五疋

外務大書記櫻田親義處發一令布三疋白木綿五疋色詩箋

白綿紬二疋白苧

花色席三立圓扇二十柄色詩箋三軸

外務權大書記色筆十枝彩墨墨

二軸色摺扇十柄

辨理公使花房義質處布疋一令白綿紬三疋白苧布十疋黃蠟小片色筆三

彩花席五張圓扇席十丙團裏扇十丙

對馬島主宗重正處綿紬一令白綿紬三疋白苧布五疋色詩箋三柑色筆三十倭色筆十根彩花席五張圓扇席十丙團裏扇十丙

工部卿眞梳二十雪漢白苧布三疋白木布二疋鏡光紙三柑色扇十丙

大藏卿梳十丙眞梳二十雪漢紙一簡白苧布三疋白木布二疋鏡光紙三柑色扇十丙詩箋

大書記官近藤眞鋤處綿紬二相臺十丙筆十根柑色扇五丙詩箋一令白綿紬二疋柑色扇二疋丙苧梳三疋木梳三疋

內務卿筆十根墨十丙白綿紬二疋梳十筒簡布二疋木梳三疋

海軍卿三尺詩箋一令白綿紬一疋柑色扇二疋丙苧梳十筒

陸軍卿三尺詩箋一令白綿紬二疋柑色扇二疋三尺丙眞梳十筒木梳

枯作褶学布二足白木二足白綿紙二束色筆十枝墨十笏

布二足内真梳一简学褶学褶布五内真梳一简

浦瀬十　白綿紬二足学褶布二足内木綿三足白綿紙三束色筆三

住永十　白綿墨十笏間褶布五内木綿三足白綿紙三束筆三

枝綿紬二足学褶布二内木綿三足白綿紙三束筆三

河村満次郎　外務属学褶布五内一足木綿十枝墨十笏

協同高須謙三　白綿紬一足学褶布二足木墨十笏間褶扇十内木綿三足白綿紙三束

協同高洲　色筆十枝綿紬一足学褶布二内木綿三足白綿紙三束

協同梶山新介　白綿色筆十枝墨十笏間褶扇十二笏木綿三足白綿紙二束

協同梶山　三内木綿十枝墨褶扇十二笏木綿三足白綿紙二束

近接外務一等属遠藤若雄　紙三内綿紬一足白綿扇二足内

真梳五简

近接外務十等属太田芳也

原吉也

十一月

外務一等外一等田畑信定合四人

森鎮義

各守布二疋白綿紙二來揩扇五丙真梳五箇

外務下代四名

各木綿一疋揩扇三丙真抓五箇

脇回下代二名合使唄共名

各木綿一疋揩扇三丙黄慨十斤

外務省御者二名

墨十笏揩扇十丙

本願寺約發一令守布二疋木綿五尺白綿紙五來色筆

十枚

馬丁四名

各木綿一疋揩扇五丙圓扇三丙

崔立下代四名

各揩扇三丙圓扇一兩真梳五箇

各揩扇三丙真梳三箇

下代飯田　尾山谷木綿一足楯扇三丙

答書契

茲ニ庚辰年五月ノ末幽ニ接レ候ニ我政府禮曹參議

金弘集ニ派遣三庸テ回謝ノ義ヲ寓不卜有之披閱ノ

下深ク貴故府親睦ニ重申セラルゝ意ヨリ感リ金使溫

恭精戲ニシテ事体ニ通曉之善ク兩國ノ歡ヲ洽セテ

レ良ニ歡又可ク存候別錄收栽ノ事ハ曾テ明治十二

年七月代理公使花房義質ヨリ沈判書ニ照會也之書

ニ松テ諭悉ニ少レハ兩國隨時ニ會同訂立致不八ゝ

義ニ有之令復タ此意リ以テ誠使ニ面商致置候其回

旌後必又陳迷有之　炳照可　拜戚将候茲ニ

81

貴國康寧ヵ祈ヵ並ニ台祉ヵ頌ㇽ候敬具

明治十二年九月七日大日本國

　　　　　外務卿井上馨印

大朝鮮國

禮曹判書尹滋承

　　　閣下

譯漢文

茲接庚辰年五月間未函以我政府派遣禮曹參議金弘

集庸寓回謝之義被披閱之下深感

貴政府重申親睦之意

金使溫恭精愨通曉事體善洽

兩國之歡良可敬也至別錄收視事宜曾扵明治十二年

七月代理公事花房義質照會

貴國沈判書文內備悉

兩國可以隨時會同訂立今復以此意面商扵諸使甚回

旋後想必有所陳述庶可

炳照兹祈

貴國康寧并頌

台祉敬具

明治十三年九月

別

敬啓

暴者羨國使船欲通信於

貴國扎我政府代進文件今準元封見却即據情節還義

使矢因恩为今海國大小交友各立主權強隣有闖居易

局外以察侵暴所以擱鎖國門絕交友者幾希靖觀清有

強隣眈彼東省已非一日頃者中俄輊輵事勢日益迫功

胎將干戈相見於我兩國所關甚鉅坐不安席如若一朝

失利則我兩國終祕餘窘而

貴國自彼門戶以為守局外者恐非易之茲所望於

貴國者將未有外人至彼能心存溫和以禮扎交宜當無

分畛域輒相與之以圖綢繆未雨然則便益慶多國以咸

寧非虐我兩國幸甚也臨

金使行爲之忠告陳述詳盡惟冀甚帰國後

貴政府勉力開辦耳崙此佈惆順頌

時祺

明治十三年九月七日 大日本國外務卿井上馨印

大朝鮮國

禮曹判書尹滋承

閤下

書柬往復

外務卿井上馨 閤下：修信使金弘集

伏惟暑雨

台体棠祺區〻 祈頌弘祉銜命涉海適有薪憂未卽躬晉

歉悚何極明日謹當趂詣　貴省傳呈書契先此仰聞

諒會是幸伏希裁裁

七月初七日金弘集

外務大輔未書

承示　貴使明日來見我外務卿而卿適出外不在本官

應相接書契望期午前十一時在本省僕之也敬覆

外務卿未書

以書簡致戕上低陳八貴下今般偕信使卜之千衞未着
ノ趣我皇帝陛下人及奏聞候処淵念乙被惠呂候依于
特別ノ叡慮刁以　貴下人內謁見可被仰付者被仰出
候条來ル八月三十日午前十一時赤坂假皇居人衞移

七月二十三日

聞見

近日乙本人士憤亞細亞之不振歐羅巴之恣橫無論貴
賤共會一社名興亞會中國公使及名士皆與爲其會長
名伊達宗城即昔年中東和約定祝時專權大臣云也欽
與我國并會云

右大臣岩倉具視者即前年薩摩人西鄉隆盛欲侵我國
時倡義祖護至於被刺得生云

大藏卿佐野常民亦議伊藤博文亦爲我國主論者也數
次未筋具言俄羅斯急劫之機云

俄羅斯近日於圖們江海口置軍艦十大艘主破有三千

餘兵設海軍卿頷之將欲由我北道海口折之東南轉入
中國山東省海岸直抵中國以斷朝鮮日本之路是清公
使及日本人爲念㤎而如西洋之兵遠涉東洋之義固
皆畏俄如六國之畏秦方圖合從而擯之至若函稅利害
猶可餘事云
日本公使派進各國常住有朝宦及人士非公事而亦從
遊以察其動靜者天下形勢皦然可知近設語學廣教各
國言語我國語學尙有之盖不通言語則無以識事機應
愛諸人咨以公使未往及遣人語學二事苦懇云
　庚辰八月十二日　啓草
本年六月二十五日自釜山浦發船之由乙爲馳　啓爲

伯有在果二十六日戌時止泊於北山口縣赤馬關八百里

下陸留宿二十七日亥時發船二十九日巳時泊兵庫縣

神戸港一千一百六十里船小不能駛大洋為待大艓之

来留旅館五日七月初四日戌列捜乘大艓初六日卯列

止泊神奈川縣横濱一千八百里下陸是白乎則自外務

省委送權大書記官櫻田親義屬官山之省祐長石幡貞

等迎接同日乘次輪車前進九十五里則江戸城外本願

寺仍為住接外務小輔芳川顯正辨理公使花房義質未

見是白遣初八日巳時臣與正官等諸外務省外務卿并

上馨枉外大輔上野景範小輔芳川顯正公使花房義質

權大書記櫻田親義等處酬酢書契一度傳致為白乎旀

一月伴会十目

89

卓與金山浦

同月二十七日太政大臣三條實美右大臣岩倉具視及

外務卿以下設宴扵遠離館臣與驛官私禮單應給之處

量宜分給是白乎旀八月初三日外務省回答書契一度

別書契一度領付住譯使之賣去是白遣初四日自江戶

離發十一日戌時還泊釜山鎮是白乎等以緣由并只馳

啓為白臥乎事是良介詮次

善啓向教是事

光緒六年八月十二日

到府狀　啓街　　通政大夫行禮曹參議兼修信使金

回還狀　啓街　　回還修信使副護軍金

別單草

臣於本年五月二十八日辭　陸六月二十五日自釜山

浦續乘協同商社船千歲九二十六日丑時雖發同日戌

刻列赤馬關二十七日亥刻行舡二十九日巳刻泊神戶

港舡少不能駛大洋為侍大艦之末留旅舘五日七月初

四日戌刻搜乘和歌浦拕初六日卯刻還泊神戶留五日初

八日亥時搜乘千歲九十一日戌刻還泊釜山浦計往還

道里水路七千三百二十里陸路一百九十里是乎㫆謹

掇拾經歷聞見庸備

乙覽是白齊

釜山至赤關羅針揩善巳海路頗險我人呼為水宗赤關

神戶之間為內港南北峽勢綿連島嶼星羅華人以為極

似兵越江行光景由神戸東南出峽外至遠江州境天水
相接四望無際風定浪怙之時尚震盪靡定即所謂太平
洋也自此濵折而東北抵橫濱兩子以前信行末嘗過此
彼言五春前二百日後数十日間風濤最怕輪船亦難行
云而従運時風日俱佳無事利涉此莫非
王靈依曁是曰霽
始至之三日従外務省傅書契外務卿井上馨在外聞日
間當還大輔上野景範為言其國王當引見又言各即長
官有継見之禮故以我使所末行非之公使花房義質又
特未若勸清使亦行之若不見薪將柁交隣大有妨碍多
日相持不即遽之下船宴亦無動静因此踈節末倷生釁

殊非得中故於七月十六日 先拜 孔廟轉訪清公使其
翌日偕花房歷見三大臣春議及各部卿皆未謝幾處
游歷亦時勉行至二十五日其國主引見二十六日外務
肖公幹二十七日延遼館設宴而後乃可還發乃輪船之
行自有定日不得不遲待致此淹留極為恢惶是白齊
定稅事彼先問稅則擬定以未與否故荅以只得俟政府
悃議可令地方官同領事官商酌之定云甬則彼日此事
至重兵端兩由起雖使任非委住卑權則不可云故荅以
弟係中束和約擬一草案而帰為荅仍問出入貨時價於
某府通詞草用值百抽五例草成稅稿私禾公使而未及
兩議因清公使開日人方議改約增稅百抽三十而各國

姑未見許三由仍秘録其規例丹子以亦故見花房而言

曰前禍初非定本待貴國改約事成我亦當准此例後於

外務省公幹亦如前言彼未敢顯拒而以我未曉商務而

遠欲重税尺滋爭端不如姑先輕收數年稍後惟意改

增未曉末疑事亦似為一坊禁防不如重税而抑之云以

此重事實難遽斷以怖禀更議為定清使亦曰此不頗遽

定所枝多少亦不足計惟有將條約不失自主之權為第

一要務云是白廥

開港住京等事初無公席發端花房義質只一次私問仁

川事朝議如前與否而已及至發行日外務卿末別仍言

公使十餘日後出去故荅以使行九月初復　命備荅事

機朝廷懶確又費一二箇月公使之行量此少緩為妥彼

曰當更商及至橫濱見公使為誦前言仍語公使旣陞辭

理當帶國書否丙子旣以不帶國書為約日後亦只將外

疏書契以來為妥云則彼亦頗以為然是白齊

俄羅沙近日㐲圍個江海口置軍艦十六艘血艦有共三

千餘名海軍卿領之其意將欲由我國東南海轉向中國

山東省海岸直入北京云以是清使及日本人愈以為時

日急切之憂扼腕噓唏頃日上海公報與日本新聞紙莫

不以此講議以為若果有事則我國與日本並受其害西

洋各國亦皆畏俄如虎狼欲與宇內合從而擠之修好通

兩意身在是云是白齊

日本公使派往各國常住亦有朝官非公事而從游以察
其動靜者故宇內形勢如此隣事江戸近畿語孛廣教各
國語言文字已有朝鮮孛校蓋以不識軍機不通言語則
無以應變以自保云日人近又私開一社請日本及我三
國同心同力然為匹羅巴所侮云而外務省公幹之日井
上馨日見今宇內情形日變一日貴國速派公使未此亦
遣人孛言語此兩事必帰告政府懇之不已請公使亦以
不可不遣使久住為言是白齊
沿海山勢環繞类多古秀無險峻雄拔之氣過駿河境遥
望富士山甚高七月初尚有雪痕其經年不消可知其南
畠關有火山黑烟盤之夜視有光相距不遠截然殊觀云

江湖經線其我嶺南蔚山機張等地相直天氣多熱回還

時正當白露節而舶中熱悶不可堪居人飲多冰抪茶酒

而冬不成冰皆自北海道輸來售賣云頻雨即晴罕有多

日成霖之時地多震數月輒有之閱十餘年有大震則屋

舍人畜大秘傾𡩡是白齋

人物男女類多巧慧寶柔而性偏罕見深沉雄偉者材武

則以薩麻長門等州稱奉國王廢關白者此數處人為多

今並列高官年前武將薩麻人西鄉隆盛議犯我國而今

右大匡岩倉具視以為不可西鄉意不平煽其徒作亂與

之相戰久乃尅平云是白齋

其國主古未徙擁虛器關白稱將家握重兵予奪自專殆

為三百年之久矣通者二十年未強隣交逼大開互市矣

時之士謂政令平滿無以自主而漫侮乃倡尊主攘夷之

論一二幹濟之材乘時制度強公室杜私門舉積世流弊

而更張之易如手反時事轉移点有自然之勢而然歟往

時儀節多尚虛文尊卑懸絶上下否隔近則務涉覽高不

歸邊幅太政官各部卿以下百執事逐日赴公辦事如治

家之勤下午始散衙歸家其出行也官高者乘雙馬車而

無幖涗惟在將相之列者有騎兵四五名露刃而衛之是

自齋

其國内外官職皆世襲各州稱藩國明治初并収其土而

居之都下涗其俸品優給其祿而不任之祿乃合六十

六州為三十七縣二置令如我國道伯秩滿而遞用人惟

才有華族士族平民之族華族即宗姓及舊藩臣之族云

昔時藩臣各君其民供賦無藝農民歲收七入于公改制

後減稅至十之三近又蠲之為二分有奇又通商惠工元

享生之方無又為之故民無一游食而日以繁盛云是白

齋

陸軍之制京外六鎮四十營常額三万餘名演武時坐作

擊刺動中師律足新抄教鍊才為四朝而已能如此海軍

有礮船二十四艘盡海軍用英國制陸軍用法國制而陸

軍當又改從阿蘭陀法云其外有警卒俗稱巡查分布閭

里睢徵緝捕以故使容過時甚整庸無譁或有爭閱輒以

送之法官其刑法凡毆鬭爭訟必罰錢其罪重者衣之褚

役作於公隨其犯而年限為之久近以故犯之者少始近

古意是白齊

凡教習皆有學校如兵礮舟車測筭開礦農桑枝藝等事

國中大率匹七中小之區不可勝計使婦孺就而孚之雖

宗室及公卿子女皆在為官以董之師以教之作圖式與

樣子目存而手揣之孚成則送之諸局每局或千餘人或

累百人逐日執業勤敏不懈其製造之局無不用機輪而

為之者火輪之外又有水激磁吸而為機輪者至於舂米

劃窐之類亦皆有其機用工省而收效速是白齊

萬俗本皆精巧而好潔民居多架木為之四面流棟鋪地

以板加莞席坐室雖小必存樣地栽花竹卷池魚間以山
石點綴之時掃滌不留微塵男女均寬衣傅袖而無褲褌
不能深搐其體足躡木屐只有底係一鉤足而已近年國
規悉泛洋制屋則甎築鍊溜碼瑀服用種裘革鞋然
自官府學校以外多用板屋舊式衣服亦然雖朝士在家
時輒著舊眠其遺老逃民不得簡用於女者尚有能譚經
季碣二然守舊俗不改者頗可尚是白露
其國一歲所收約五千万金地租閱稅為鈩鐵道電信各
局製造及舟車牛馬皆有收入百戶不虛然官吏月俸八
百金至十二金不等加之卷兵雇役日增月加外他官府
經費甚愽所出多於所入恒若不絀於是日造紙幣以當

之然賣多虛額浮於現在錢數故物價日以昂貴況西洋

人去時必投紙幣換金錢而帰痛厄不塞誰為其維大凡

利必有害盛則有衰乃天道固然人力無以善其後是日

齋

東渡日史

동도일사

여기서부터 영인본을 인쇄한 부분입니다. 이 부분부터 보시기 바랍니다.

장진엽

연세대학교 국어국문학과 졸업
동대학원 석·박사 학위 취득 (한문학 전공)
현 연세대학교 강사

수신사기록번역총서 4
동도일사東渡日史

2017년 10월 30일 초판 1쇄 펴냄

지은이 박상식
옮긴이 장진엽
발행인 김흥국
발행처 보고사

책임편집 이경민
표지디자인 손정자

등록 1990년 12월 13일 제6-0429호
주소 경기도 파주시 회동길 337-15 보고사 2층
전화 031-955-9797(대표)
　　　02-922-5120~1(편집), 02-922-2246(영업)
팩스 02-922-6990
메일 kanapub3@naver.com / bogosabooks@naver.com
http://www.bogosabooks.co.kr

ISBN 979-11-5516-761-8
　　　979-11-5516-760-1 94910(세트)
ⓒ장진엽, 2017

정가 17,000원